現代精神分析基礎講座

第1巻
精神分析の基礎

編者代表——古賀靖彦
編者——日本精神分析協会 精神分析インスティテュート福岡支部

金剛出版

Vol. 1

Contemporary Basic Lectures on Psychoanalysis

刊行のことば

古賀靖彦

　このたび,『現代精神分析基礎講座』(全5巻)(以下,『講座』と略)を刊行するにあたり,ご挨拶申し上げたい。

　日本精神分析協会 精神分析インスティテュート福岡支部(以下,福岡支部と略)が主催してきた精神分析セミナーは,1996年に始まり,昨年度から第8期を迎えている。私たちは,歴史を有する貴重な講義を蓄積させるだけでなく,豊饒な学びを多くの人々と分かち合うことも,福岡支部の重要な役割であり光栄な使命であると考える。

　顧みれば,日本の精神分析は,1930年代に古澤平作によってウィーンのフロイト (S. Freud) のサークルから直輸入され,古澤の薫陶を受けた故小此木啓吾会員(東京)と西園昌久および前田重治(福岡)によって牽引されてきた。そして,故小此木会員を中心に開催されていた精神分析セミナーが1981年より著書として刊行されたことが,東京の流れの一つの達成と言える。『精神分析セミナー』が,テキストとして精神分析を学ぶ者たちに愛読されてきたことはいまだ記憶に新しい。しかしながら,その刊行以来,日本の精神分析は多くの変化を被ってきた。

　その最たるものは,日本精神分析協会と日本精神分析学会とが同心円状に融合した状態で精神分析運動を推進していたのが,1993年のいわゆる「アムステルダム・ショック」を経て,分離・独立を始めたことである。この「アムステルダム・ショック」は,日本精神分析協会の訓練が国際精神分析学会 International Psychoanalytical Association(以下,IPAと略)の基準を満たしていないとの批判を引き金に起こった。その結果,日本精神分析協会は東京と福岡に訓練遂行機関としての精神分析インスティテュート支部を設け,それまで週1回の精神分析的精神療法であった訓練の中心を,週4回以上の精神分析に転換した。これは当然,精神分析家の日常実践が本来の精神分析にシフトして行く結果を招いた。

もう一つは、日本の精神分析が、隆盛を誇っていた米国の自我心理学派から強い影響を受けていたのが、英国の対象関係学派から影響を受けるようになったことである。すなわち、1970年代後半から1980年代にかけて、北山修、衣笠隆幸、松木邦裕らが英国留学を体験し、対象関係学派、特にクライン学派を紹介した。福岡は、西園が英国のパデル（J. Padel）氏と接触を持って以来、対象関係学派への指向性を持つ地域であったが、上述の三名が福岡支部に所属し運営委員となった運命の巡り合わせにより、その指向性を強めた。さらには、「アムステルダム・ショック」後に訓練を受けた鈴木智美、および2000年に英国留学を終えた古賀靖彦の加入もあって、その指向性に拍車がかかった。

　このような変化を背景に、東京から発せられた『精神分析セミナー』に地方の福岡から呼応する形で、そして、新たな基本テキストが時代の要請として求められていることに応じて、本『講座』は刊行されることとなった。

　この『講座』の基本は、2014年に始まった第7期の「精神分析セミナー」にある。当時福岡支部長であった西園が、開講に当たって、セミナーの歴史、設定、位置づけ、内容などを概説しているので、既述の部分と重複しない形で、以下に引用する：

　「日本精神分析協会は精神分析治療を行うことを志す方々への訓練研修と資格認定のシステムを定めている。具体的には、精神分析家コースと精神分析的精神療法家コースである。前者は、日本精神分析協会が加盟しているIPAの会員になるためにその基準に沿って実施されるものである。後者は、わが国の精神分析的精神療法ニーズに応えるにふさわしい人材を育成するためのものである。いずれのコースも訓練分析、スーパービジョンに加えて精神分析の定義、理論、技法についての講義、つまりセミナーが準備されている。

　福岡支部では18年前から「精神分析セミナー」を開講してきた。これは、上述の二つの訓練コースに志願するために受講すべき「基礎セミナー」であるばかりでなく、臨床家の方々が精神分析の基本を学ぶ機会ともなっている。と言うのも心の障害とその治療には精神分析についての正しい理解が不可欠と思われるからである。これまで、3年間計18回（36日）のセミナーの中で、精神分析の定義、歴史、理論、技法、発達論、病態理解、症例研究を学習された。そして受講者は「よい治療者」になるための基本について理解を深められたと思う。多くの方々の要望に応えて、第7期コースを開催することにした。講師

には福岡支部所属の古参,新進の精神分析家のみならず,東京はじめ全国から出講して頂くので,聴講される方は現在の日本を代表する精神分析家の講義をお聞きになれると思う」。

本『講座』は,講座と称していながら,限られた紙面で密度の高い内容を読者に提供したいとの編集委員の意図から,論文形式とした。そして,臨場感を補うために,各巻に「質疑応答」のコラムをいくつか設け,語り口調を再現した。この『講座』は聴衆の方々との合作であり,これまで「精神分析セミナー」にご参加いただいた臨床家の方々には深謝する。

さて,これから,読者には聴衆になられたつもりで各講座に耳を傾け,考え,そして対話することで,ご自身の『講座』を創っていっていただきたい。

第1巻の紹介

松木邦裕

　本巻から『現代精神分析基礎講座』は始まる。全5巻で構成された基礎講座の中でも，第1巻は精神分析の基礎の基礎を紹介している。
　本巻に収められている講義の内容は，人の営みやこころの本質に関するベーシックな教養であり，こころの臨床家にとっての臨床活動の基盤となる知識や技術，姿勢である。それらは精神分析に限定されるものではなく，私たちが医療，心理，福祉，教育，矯正等でのこころにかかわる職務に携わっているなら，その基本として身につけていたいものである。

　第1巻を構成する9つの講義を3領域に分けてみる。
　第1講から第4講までは，フロイトが創成した精神分析，そしてその歴史にかかわる基礎知識である。何事にもそれが成立するための背景と歴史があるが，それらを知ることが興味関心を高め，そのもの自体の理解を深化させる手立てとなることは少なくない。精神分析の基盤や歴史を知ることは，こころを学ぶための基本を手に入れることである。加えてここに，精神分析をこれから学んでいくに欠かせない知識が収められている。
　第4講までは，日本精神分析協会を創設し日本の精神分析の啓発と深化を推進した古澤平作に学んだ第一世代を代表する前田重治名誉会員と故小此木啓吾会員に学んだ第二世代の北山修会員の手になる。これらの講義が他所では聴けない貴重なものであるとの事実は特筆に値する。
　続く第5講と第6講は，精神分析理論では前提であり本質である，こころの「無意識」に関係する基礎知識を提供している。「無意識」という現代の私たちは疑問なく実感しているこころの領域やそのダイナミクスを学ぶことができる。
　この二つの講義は，鈴木智美会員と岡田暁宜会員という第三世代が担当している。そうであるがゆえに，講義ではその歴史を踏まえた基礎知識のみでなく，

今日的な視点もちりばめられているという特徴に気づかれるであろう。

　第7講から第9講までは，臨床実践としての精神分析の基本を述べている。ここに提示されている考え方，姿勢，技法は精神分析に限定されるものではなく，こころの臨床に携わるものには不可欠なそれらであることを賢明な読者は読み取られるに違いない。この三講は，精神医学領域もしくは精神分析個人開業実践として精神分析的な臨床にもっぱら従事してきた鈴木智美と松木邦裕が提示している。

　これから各講を簡略に紹介しよう。
　第1講「精神分析とは何か」は，北山修による精神分析の紹介である。現代の精神療法／心理療法，臨床心理学が精神分析に接しながらその形を整えていったことが明記される。北山による精神分析を知るためのキーワードは「無意識」，「言葉」，「幼児期」，「真実」，「自分」であり，そこから精神分析のパワーと魅力が放散されている。興味をかき立てる「質疑応答」を加えたこの講義を，まさにその場で視聴している感覚で体験できる第1講から，この『基礎講座』は始まった。
　第2講「精神分析小史」は前田重治の手になる，19世紀末に創成された精神分析の運動史の紹介である。この講義は「フロイト時代」と「フロイト以後の展開」に分けられ，前者ではフロイトが主導した精神分析運動と彼の理論や技法の変遷が描かれている。後者では今日の精神分析世界の主だった学派として「自我心理学」，「対象関係論」，「独立学派」，「自己心理学」，「関係学派」が紹介される。本講義では，読者の理解の一助として「年表」が付くという著者らしい配慮がなされている。
　第3講は，再び北山修による臨場感に溢れる「フロイト入門」である。ここではフロイトの多様な面が紹介される。「書くこと」，「語り」，「比喩」，「出版」等がキーワードである。またフロイトの人生と彼の理論の結びつきが読み解かれる。そして「フロイトを読みながら生きる」ことが勧められる。この講義での「質疑応答」は，読者の視界をさらに広げる。
　第4講「日本における精神分析」は，古澤平作の訓練分析を経験した前田重治のみにできる大変貴重な，まさに生きた「歴史の語り」である。最初に年表が提示され，まず私たちはその歴史の概略を知る。講義は，明治時代に始まる「草分け時代から日本精神分析学会の設立まで」，古澤平作による「学会の設立

と発展」、そして「わが国独自の精神分析」に区分けされており、本講義から日本の精神分析とその特性を一挙に鳥瞰できる。

第5講は鈴木智美による「無意識の発見」である。精神分析のみならず、近代臨床心理学以降のキーコンセプトである無意識の紹介である。無意識の発見に至る歴史、フロイトの無意識論、フロイト以降の分析家の無意識論が、図表を通した視覚も介して入門的に紹介される。特筆すべきは臨床場面での無意識の見方、触れ方が実践的に紹介されていることである。

第6講では、無意識を理解するための王道である二つの概念「夢と象徴」を岡田暁宜が解説する。フロイトの『夢解釈』にみる夢の理解と解釈技法を述べ、自験例を通して今日的な夢の分析的取り扱いにも触れている。象徴とその機能と過程についても、伝統的な理解を伝えるだけでなく、やはり自験例も提示し現代の見解を夢とも関連づけて述べる。

第7講は、精神分析治療に不可欠であると同時にあらゆる臨床面接で必要な基本的枠組みを、鈴木智美が「治療者の基本と治療の枠組み」と題して紹介する。精神分析臨床での治療者のあり方という「内的構造」と図示で視覚化されたハード面や治療契約にかかわる「外的構造」が解説される。ここでは「見立て」にも触れている。

第8講「聴くことと話すこと」は松木邦裕の担当である。副題を「精神分析での耳の傾け方と言語的介入」としているように、治療者の臨床活動の中核である精神分析的面接における聴き方、話し方をその基本から解説している。それらは、根底には支持的共感的なかかわりが求められるこころに関わるすべての面接での基本でもあり、幅広い臨床での活用が可能である。

本巻の最後を締める第9講は「治療者−患者関係」であり、松木邦裕が担当し臨床場面での二者関係の性質に主題を置いている。本講では治療者−患者関係の基本的な特徴に触れるとともに、関係性を理解するための中心概念である「転移」と「逆転移」を紹介している。転移と逆転移に基づく関係性の理解は、今日の精神分析臨床に不可欠な視点であると同時に、これからのすべての講義に底流している。

第1巻を読み終えた読者は、本巻で得られた新たな知識を備えて、続巻に大きな期待と意欲をもって向かわれるにちがいない。

　（本巻では人名敬称は略している）

目　次

刊行のことば ……………………………………… 古賀靖彦　3

第1巻の紹介 ……………………………………… 松木邦裕　7

第1講　精神分析とは何か……………………………… 北山　修　15

第2講　精神分析小史…………………………………… 前田重治　33

第3講　フロイト入門…………………………………… 北山　修　47

第4講　日本における精神分析………………………… 前田重治　73

第5講　無意識の発見…………………………………… 鈴木智美　89

第6講　夢と象徴………………………………………… 岡田暁宜　107

第7講　治療者の基本と治療の枠組み………………… 鈴木智美　125

第8講　聴くことと話すこと
　　　　――精神分析での耳の傾け方と言語的介入――……… 松木邦裕　141

第9講　治療者－患者関係……………………………… 松木邦裕　167

第1巻のおわりに ………………………………………………　189

現代精神分析基礎講座

第1巻　精神分析の基礎

第1講

精神分析とは何か

北山　修

I　はじめに

　九州大学の教員を辞めて何年か経った。東京と比べて福岡の方が講師としての私を育ててくれた街だと思う。が、ここへ戻ってくると元の学生がいるので、私の気持ちが緩みやすくて、もはや老いたのだから、気をつけないといけないと思う。つまり、今もここにおいても言葉とともに、自らの「生き方」についてその過去とのつながりに気づくことで、私の葛藤や不安を確認していることになる。

　精神分析を学ぶためにも、その言葉で過去について気づくようにして、精神分析自身の「考え方」の起源を知る必要があろう。そして、サンドラー（J. Sandler）らが『患者と分析者』で言うように、「精神分析概念の理解のためには歴史的アプローチは絶対に必要である」。

　ほとんどの精神分析学の理論はフロイト（S. Frued）において完成されており、それに加筆修正されるポストフロイト時代が、現在までずっと続いている。しかし他方で、心の裏に合理主義、統計学、透明性の追求によって眩しい光が当たり、人々は闇を好む無意識を置いておける場所を失いつつある。それで、無意識を扱う精神分析はかなりの衝撃を受け、追い詰められているように見える。40～50年前は、催眠術や暗示などもかなり有効で手ごたえがあって、すぐそこに存在していた。今や、怪しい見世物小屋や、サーカスなどではなく、テレビやインターネットの時代だが、そのテレビもデジタル化されてしまった現代で、このアナログ的な精神分析はどうやって生き延びていくのだろうか。電気信号は骨の髄から「ゼロイチ」思考であり、「白か黒か」の日本人の潔白主義と相性がいいからこそアナログとの対比は意味があると私は思う。

　そこで強調されねばならないのは、新しい精神療法や、あるいは周囲の臨床

心理学は，ほとんどが精神分析の胸を借りて成長してきたという歴史である。ユング派もロジャース派も，フロイトやその理論と対決して離れた。私が精神分析と出会ったのは1970代の中頃，場所はモーズレイ病院であったが，当時，精神分析学派は行動療法の創始者の一人，アイゼンク（H. Eysenck）と激しく対立し，大論争の最中だった。判官贔屓のせいだけではなく，証明されない真実もあるという主張を聞いて，私は精神分析に惹かれることになった。

大事なのは，今も昔も，精神分析は実証できない部分や非科学的なところもあって精神分析だという，きわめて妥当な「考え方」である。それを批判する「科学的な」心理学やライバルがいくら出てこようとも，心は実証できるところだけで取り扱えるものではない。もちろん実証可能なところはあるが，それと並行して，思っても見ないような心の闇，裏側，想像を絶する心の奥，筆舌に尽くせない陰影などを認めていかざるを得ない。私はそういった総合的な臨床心理学や精神医学の基礎としての精神分析が，臨床で今もこれからも必要なのだと思う。

II　精神分析とは言葉である

中でも，現場で異常な心のことを語り扱う態度や方法として，精神分析の内外で活かしていただけるのが，精神分析の言葉なのだ。皆さんが普通に使っている「不安」という言葉も，それは精神分析が術語化して広く使い始めた言葉である。葛藤や無意識というのもそうだが，それらの言葉や用語は精神分析が紹介してきた言葉である。だからまずは現場で，言葉を適切に，そして有効に使っていただくためにも，精神分析技法を学ぶ上で言語的習熟が一番大切である。

ところが精神分析において重要な言葉の全体はABCと辞書的には学べない。つまりイントロダクションから結論まで体系的に網羅できるというシステムがあるわけではない。心の地図や，心の解剖学という形で説明することもあるが，それは仮にそういうふうに描くと便利でわかりやすいやすいだけであって，はたして心はそんな形をしているのかどうかはわからない。そのため，外的世界を学ぶようにして精神分析を学ぶわけにはいかない。Aを学んで，ひょっとしたら次にZを学んで，そしてCに行って，B'に行って，さらにわけのわからない細かいところを学んだ後に，また表のAに出てきてと，いろいろ巡って

漂って感じ取って、そしてまた別のところへ、という形でしか全体の広がりと深さは学べないのだと思う。つまり、システマティックな精神分析理論はなく、何度も何度も同じようなことを勉強し、前は気がつかなかった物語や意味がわかっていくという形で学んでいくしかない。それも、臨床で理解と体験が相まって深まっていくように、学んでいくのである。また、本シリーズでも精神分析の言葉をたくさん紹介していくが、将来もっとよい言い方ができたならば、いつでもそれに取り替えられ、もっともっと相応しい「言い方」がこれからも生まれるはずの学問でもある。

　それともう一つ、一者心理学から始まる歴史の話をしておきたい。一者心理学は、患者さんがいて患者さんに問題があって、私たちはその外にいるかのようにして患者さんを観察し描き出していく。ところが現代精神分析は、二者心理学に変質しつつある。というのは二者心理学では、明らかに私の影響を受けた患者さんがそこにいて、私もここに座って、患者さんから影響を受けている。私がめったに着ない紺のジャケットなどを着てきたら、「このあとどんな予定があるのだろう」と考えることが患者に起こりやすくなる。

　同様に、子どもを理解する時は、お母さんから引き離して考えることはできない。つまり、お母さんによって子どもは変わっていってしまう。患者さんのことも、担当者あるいは観察者の存在を考慮しないで理解することはできない。こういう発想が最近の精神分析では主流になり、治療者が壁にぶち当たって苦労し、自己理解を通しようやくわかったことが本当であって、最初はほとんど思い込みであったなどという報告もあり得る。患者の中に原因があると思っていたら、実は「犯人」は治療者だったみたいな落ちで、治療者が反省したら患者さんが洞察したというストーリーが、逆転移を生かすとか逆転移の洞察というテーマで報告されている。

　こうして、思ってもみないところに問題の心はあるのであり、「我思う、我あり」ではないのだ。また、精神分析は、心の理論であり理解の技術であり治療技法でもあるが、それは多面的でいろいろな特徴を持っていて、精神分析とは何かを「こうだ」と断定的に定義するのは難しい。私は海外で講演するが、精神分析の聴衆として目の前に座っているのは言語学者や美学の人たちも増え、医者は少なくなって、歴史学者とも交流が深まっている。というわけで精神分析は、まだまだ対象を固定しないで、周辺に浸透していくような生き残り方をしていくことが予想される。

それゆえ最初の講義では，精神分析が精神分析以外の論，つまり外部の行動療法やロジャース派やユング派とどこが重なりどこが違うのかということを考えていきたい。そうすると精神分析が立体的に見えてくるだろう。皆さんも職場に戻ったら，精神分析セミナーに出てきたなどと大きな声で言えない場合があるだろう。職場では，認知行動療法をやれと言われ困惑し，場合によっては箱庭療法もやりますみたいな顔をしていることだろう。そういう人たちにとっても，周囲が精神分析の何を批判してそこにいるのかということを知っておけば，私たち自身の存在の意義がわかるし，対処や生き残り方を構想できる。

Ⅲ 精神分析のいくつかの特徴

1．無意識の心理学

精神分析の特徴の一つとして，まずは無意識の心理学という点があり，メタサイコロジーや深層心理学と言われる。「メタ」が「高次の」という意味となるなら実に偉そうなので，私は深層心理学という言葉が好みである。深層とは高いところにはなく，裏側や奥，あるいは下部であり，それは本人にすら気づかれていないことである。時には闇に隠れたもので「うがった見方」をしないと見えないのだが，「穿つ」とは抵抗に穴をあけることを意味する。例えば，症状には無意識の意味があると考え，報告された夢の話はいつも加工されているので，夢も潜在夢こそが本当に見られた夢だと言われることになる。

その心の在り方を地図のように考えて，広がりや空間のような捉え方をするなら，無意識，前意識，意識の3つの領域に分かれるとフロイトは考えた。日本語でも言うように，本音と建前，表と裏と分けて，その間があるという構造的な発想である。次いで力関係から見た無意識というのは，その裏側にあるものがダムのようにせき止められている，抑圧されていると捉えられている。特に蒸気機関を眺めていた時代の人々は，押さえつけられたものには何かエネルギーがあり，管理に失敗すると暴走し始めるというイメージを共有していた。また人間には，馬を乗りこなす人間の部分と暴れ馬の部分とがあり，押さえつけ，御すことができないなら我々は「狂う」ことになる。無意識内容のコントロールに失敗したものが，問題行動を起こし，あるいは盗みに走り，アルコールに頼るというダイナミック（力動的）な人間観がここにある。

それで力動精神医学や力動心理学などと言うわけだが，そこでは抑圧する力

と爆発する力の対決や対立が葛藤となり，摩擦や軋轢，そして痛みや動きを生むと考える。心の底には抑圧された動機，よこしまな心，あるいは欲動などがうごめき潜んでいる。この欲動という表現も耳慣れないが，日常語で欲望や願望と言うなら目的があるように聞こえるだろう。フロイトは「トリープ (Trieb)」という言葉を使ったが，私を突き動かすものというこの「欲動」は日本語で「衝動」と訳してもいいところがある。向かうところのある本能や欲望とは少し違って，私たちは，何をどうしようとしているのかわからないようなエネルギーを抱え込んでいるわけである。

また構造論というのは，心をエス・自我・超自我などの構造に分解して説明するものである。また経済論は，少し不満のガス抜きをしてやると心が安定するなどという見方で，エネルギーを少し溜め込む，処理する，節約するなどという，計算のイメージが伴うのである。

さらに，人は芝居をして生きているという人間観が精神分析にはあり，私は劇的な観点と呼んでいる（北山，2007）。我々は無意識の心の台本を，無自覚に演じている場合がある。神様の目から見たら私たちがやろうとしていることはもう見え見えなのに，本人はほとんど自覚的ではなくドラマチックに

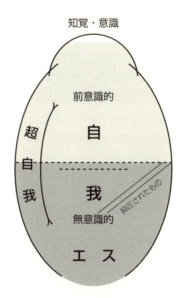

図1　構造論による心的装置（Freud, 1933）

振る舞っているという人間観である。アクティング・アウトやアクティング・インなどという言葉は「行動化」と訳されているが、「アクト」には「演じる」という意味があることを忘れてはならない。元のドイツ語の「アギーレンagieren」にも「演じる」と「行動する」という意味があるが、「行動化」ではこの両義性をうまく訳せていない。

　私たちはほとんど知らないうちに「心の台本」に振り回され、それは人に教えてもらわない限りは気づくことができない。だから私たちは、心を映し出してくれる鏡を求めているのだが、体の鏡は現実に存在しレントゲン写真も手に入るし、声の鏡はICレコーダーで可能であっても、心の鏡だけがまだ完成していない。これは人間がやってあげるしかないのだから、フロイトは精神分析家こそ「鏡」であり、患者さんの心を映してあげるという役割を強調した。そして、相手や状況を得て展開する無意識の台本が心の中にあるので、それを言葉で読み取り、それを紡いでより「ましな」物語にしていく作業が精神分析の重要な営みなのである。

　さて、このどこが問題視されて、皆さんが何を批判するのかを整理してみよう。一つは心的な決定論、つまり、何もかも心が決めてしまうかのように言うところである。皆さんがここに座っているのも、こんな天気のいい休みの日には本当は他のところへ行きたかったのに、昔からいつもこういう時にこういう場所にいる癖がある。そしていつもここに来て葛藤しており、それは真面目すぎる性格のせいであると言うと、君の心だけに責任があるかのようだけれど、そんなことはない。また過去がすべてを決めているわけではなく、明日よりよいセラピストになるために、見えない未来のためにここにいるのだろう。ボーッとしているのは温度や疲れなどの条件のせいかもしれないのだから、その心を読み取る仕事で幼児期や深層心理の問題であるかのように語る精神分析家はずっと批判されている。

　二つ目が、無意識部分は未熟であり最後まで実現しないと捉えている点が、常識とは異なる。「自己実現」というとあたかも、最後は自分を活かして実現して私が見つかるという喜ばしきエンディングが想像される。しかしながら、私たちは社会の中で、暴力や性欲のようにそのままに実現させたら困るものを抱えていて、それを自然のまま出したら狂ってしまうのであり、そのため「不自然な」教育と管理を必要とする。だから「ぶっ殺してやりたい」と思っても、いつも何かに置き換えて、野球で「キャッチャー刺しました」、「三塁で殺され

ました」と言うしかない。「デッドボール」で「ああ，死におった」みたいに言葉の上の実現しかなく，誰も殺すことができない。実現するのは格闘技系スポーツの中だけ，夢の中だけなので，自然に生きたい人の期待を若干裏切るので寂しいが，それが宿命なのである。

　三つ目は，無意識だから，その内容はどのようにでも解釈できるという点である。これから先の講義で，もう無意識がああだのこうだのと解釈されて，よくも本当に見てきたようなことを言うなと思うことがあるだろう。乱暴な解釈を「かのような解釈」と言うが，私は解釈というのは，「誤解を恐れずに言うならばこう考えられるのではないか」，「ひょっとしたら，あなたは私のことが嫌いなのではないか」というようなことをあえて言葉にしていく仕事だと思う。この講義をいくら聞いても頭に入らない人がいるだろうが，それをあえて解釈するなら，その人は見えにくいこのネガティブなところを取り上げる点で精神分析が嫌いなのかもしれない。

　最後にもう一つは，外的現実はどうなのかということである。ここは精神分析の中でも学派によって大きく分かれるところである。私がウィニコット理論を敬愛するのは，やはり内的現実と外的現実の両方が大事で，乳児や精神病者においてはそこは分けられないと考えているからである。「あれとこれと」（万能的な「あれもこれも」ではない）という捉え方が私には正確なのだが，内なる世界だけが大事という人もいる。純粋な内的観点から，お酒を飲むのはおっぱいを欲しがっているからだと言って，それでどれだけの効果があったのかということが問いかけられ，行動療法が登場した。彼らは，無意識は解釈しないで目に見えているところだけで話をしようと提案したわけだが，それが出てきた理由はよくわかる。

2．言葉でアプローチする

　私は，野球ではヤクルトスワローズのファンである。九州の仲間には誰もファンがいない。なぜ東京の青山で開業しているかというと，神宮球場まで歩いて10分だからである。私が生きていることを支えてくれるのは，そのような楽しみでもある。それで「たわ言」で言ってしまえば，敵チームなんか「潰せば」いいと思うことがあるが，しかし言葉の上で「潰したい」と表現し，意図を伝達しカタルシス（浄化と訳される）を得ることと，行動化で本当に潰すこととはえらい違いなのである。

このように精神分析のアプローチは，人前では言えないようなわけのわからない心を言語にすることを目論む。押し殺されている欲望を実現しようとするなら行動化するか，あるいは狂うかしかないなら，現実に生き残るために遵法意識が必要で，その中で許されているのは言語化を中心とした表現活動なのである。誰も殺せないから殺人の夢で表現する，あるいは殺人事件を題材にしたミステリー小説を読む，もしくは演劇，趣味で表現することもあろう。表現活動の中で高級な言語化に一番の価値を置くか，あるいは，非言語的な表現である絵画，箱庭，スポーツなども価値の高いものとして認めるか。これもまた立場によって違う。精神分析は，言語の解釈を通して無意識を意識化すること，あるいは気付き納得することを一番価値の高いものにしている。ヒステリーの女性患者さんたちは当時，本当は彼を愛していたのにもかかわらず，それを言葉にすることが許されず身体的に症状で表現するほかなかった。だから言語で表現が得られると身体症状はよくなっていく場合があり，解釈を得て問題を洞察して，よりよい防衛機制を身につけるという目標も，ここでようやく言葉があるからこそ言えるのである。
　ただし，言葉は心をそのまま表すことができず，いつも第三者的な，あるいは公共の文法に従って物事を筋に従い直線的に並べてしまうのである。そしてわからない言葉で私がこの講義を行ったならば，第三者としての読者に私は，詩人であるか，創作活動を行っているか，あるいは冗談を言っているかに分類される。あるいは，まともな言語ではないということで，狂っているか嘘つきとして排除されやすい。このような印刷物にする時には，特に文法に従うという遵法意識が必要であり，「馴れ合い」で通じ合える符牒のような言葉では読者にはわかるわけがない。第三者にもわかってもらわねばならない言語とは，ありのままの心からは遠いところにあって，重要な本音を掬おうとしてもいつも指の間からこぼれ落ちていくだろう。
　個人差があるだろうが，言語使用におけるこの第三者性をどれくらい意識しているかをお考えいただきたい。ただ言葉にするだけでは，第三者はおろか話し相手にすらその心が通じるものではないし，学会で発表しても，患者さんとやり取りしている二者言語のリアリティは会場で評価されない。あれだけ苦労して準備してもわかってもらえず，むなしい思いをして会場から帰ってくることもあり，患者にいくら通じても，同じ言葉がスーパーヴァイザーには通じないことすらある。その上，西洋人の言語化には神の立会いを得ている感覚があ

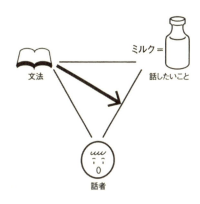

図2 言葉の三角形（きたやまおさむ『帰れないヨッパライたちへ』より）

るようだが，日本人には本音と建前の二重性を許すところがあって言葉が「いい加減」である。だから多弁について「ぺちゃくちゃ」「ぺらぺら」という言語不信が生まれるわけだが，それでも人は言葉にしていくのだ。そういうような「あきらめ半分」で言語を捉えるしかないかなと私も思うし，語るというのは嘘つきであり，その感覚を「騙（かた）る」というのである。

　ミルクがいくら欲しくとも，ただ意味のない喃語を並べても誰も「お母さん」以外にはわからないのだから，ちゃんと「ミルクをください」と「みんな」にもわかる言葉で言わねばならない。冒頭に個人的なエピソードを触れたが，「葛藤」という言葉を読者の前で使うなら，一体化する「私」と「酒」という快感の対象との間に，言葉がけっこうな痛みと共に割って入り，「馴れ合い」の関係を引き裂こうとするのだ。簡単に取り消すことのできない言葉の使用では，「私（＝自我）」あるいは話者と，そして欲望の対象との間にある私的な関係を，超自我が第三者として監視し始めており，そこには三角関係がある（図2）。この三角関係を生きることから，大人であっても逃げ出したいのだが，その逃避は「みんな」に「わかってもらえない」という不安を生み出すのだ。また逆に言葉で「わからせる」そして「わかられる」とは，この第三者性の中に身を置くことになり，見知られる不安が生まれる。

　以上のごとく，言葉でアプローチすることの意義を強調したが，問題点は，重症患者や子どもはどうなのかということである。「見境なく」狂っている人たちが，心を言葉にできるのか。あるいは，幼い子どもたちに「それは不安ですね」，「お母さんを殺したいのですね」とオープンに言ってわかるものなのか。

そういう言葉の限界が問題であり，抑圧されて押し殺されているものを言語にして，直接気付きを与え，何もかもをつまびらかにしていくような「覆いを取る治療」と，内外の間の間接表現を援助して，非言語的な絵画や造形，スポーツなどで「覆いを作り，付ける治療」の両方が大事であると私は考える（北山，2009）。「覆い」は，傷つきやすい患者にとってすごく大事な部分だと思うが，現代精神分析ではあまり強調されないのは，内的な世界を言語にすることが，非常に潔いからだろう。ふたをするなんて，「臭い物にふた」というイメージがあって，潔くない。これは皆さんが選択せねばならいところであるが，私の立場はそういう潔くない態度を提示するものであり，不純な思いの「受け皿」となる分析家の自己紹介として重要な特徴である。

　もう一つの問題点は，フロイトの言語化能力の高さである。皆さん，これからここに登壇する人たちをよく観察してみてほしい。精神分析をやっている人はおしゃべりで，言語化能力に長けている。頭の中，ほとんど言葉という状態になっている場合もあるだろう。フロイトは，急にケース報告をすることになった時に数時間もねずみ男の治療報告を続けたという，蓄音機だというあだ名が付けられるほどの人である。この言語化能力には差があるかもしれず，言語的理解の重視や解釈中心主義はみんなに要求できないかもしれない。言語にすることには，反感を覚える人もいて，音楽療法や絵画療法，箱庭療法なども，非言語的な表現の可能性として日本では発達した。ユング派との違いには言語を巡っての対決があり，文化的な違いを強調する人たちに，「先生，日本人は言葉ではないですよ」と言われることもある。

3．幼児期の重視

　精神分析の特徴の三番目は過去の幼児期の重視である。注目する幼児の心はわがままで，大人では無意識化されているが，もっぱら筋の通らない自己満足の幻想に振り回されている。そういう，過去の思いを読み取っていくその方法が，自由連想である。最初は催眠で取り出そうとしたけれど，催眠は操作的で長続きしないということで，自由に想起させる方法となった。自由と言ってもいざやろうとすると不自由なのだが，治療者はそれを聞き取って考え，物語として構成するためにいろいろと補っていく。そして，それを見つめるインサイト，つまり洞察する目を持つことを目指す分析的治療では，分析家のリフレクション，心を照らし返す機能が求められる。これを本人が取り入れてセルフ・

リフレクションになるのだが,この機能が気付きや観察自我というものであり,これで自分のことが見えやすくなってくる。子どもが幼い時に,お母さんから「お前は,穀つぶしだ」,「甘えん坊だ」,「何もできない奴だ」などと一方的に言われてあまりにも歪んだ鏡を手に入れたケースが,これを修正し,よりよい鏡にしていく。だから,私たちが提供する鏡は,なるべく研ぎ澄ましておかなければならないし,自分が人の鏡になる時は,どこが歪んでいるのかを知る必要がある。それが,私たちの日々の研鑽である。

　早期幼児期や無意識的幻想について,どこまで言語的な理解を及ばせるかには差がある。フロイトは0歳児の心,2歳児の心,幼児の心と段階論的に並べて発達理論を構成したが,クライニアンは0歳児の心のありようを中心にして全体を再構成している。それぞれの学派に発達理論があって,それぞれに違っている。何が本当なのだろうと問いかけたくなるが,それは視点の違いであり,見ている場所が違うと見え方が変わる。その中で,あなた自身はどこから見ることが身についていて,どのような発達理論が一番自分に向いているかを考えていただきたい。エディプス理論の去勢不安を強調する古典的フロイディアン,0歳児の妄想分裂ポジションと抑うつポジションを強調するクライニアン,ナルシシズムを強調するコフート（H. Kohut）,外的現実のお母さんのありようを強調するウィニコット（D.W. Winnicott）,あるいは,いろいろな立場を症例や局面に応じて使い分ける多焦点的な立場もあるだろう。

　さらには,過去にあった外傷体験や歴史的真実を想起し洞察したと受け取るか,比喩的にそのように語る物語を紡ぎ出すと少し距離を置いて考えるか,という違いもある。アメリカでは,「お母さんに虐待された」,「お父さんにレイプされた」と言って子どもが親を訴える裁判沙汰が続いたことがあるが,それらの一部は空想だったのかもしれない。そのようなことになる事情を,スペンス（D. Spence）という分析家の言葉,ヒストリカル・トゥルースとナラティブ・トゥルース（語りの上での真実）という概念を使って私は分けて考えている。つまり,地震が起きたということは歴史的な真実であるが,その時もうお母さんに一生会えないと思ったことは,物語としての真実である。約束の公園で待っていたらそのうちお母さんが迎えに来るだろうと思ったのなら,それはそういう希望の物語なのである。歴史的真実をどう主観的にとらえたかはみんな違い,真実が本人を動かすとは言えるのだが,私たちが知るものは物語としての真実という形で受け止めていくぐらいがちょうどいいのではないか。

ある方は、乳房と分離する時に彼女がしつこく乳房を求めるものだから、お母さんがカラシを塗って分離し、それが今でもパニックの原因なのだという話を展開して、それを乗り越えていかれた方がいる。それは本当にあったかどうかはわからないにしても、物語としての真実を言葉で紡ぎ、母親に対する愛と憎しみの入り混じる困難をこなしていかれたのである。ロマンチックな言い方をすれば、歴史を書き直すことはできないけれど、少しましな、よりよい物語に語り直すことはできるし、修正するだけではなく、その人生物語を生き直すこともできるようになる。私は一方的に被害者だったと言っていた人が、実は結果的に私の下心の問題でもあったということが書き加えられると、物語は語り直されて、相手だけが悪いという話ではなくなるのだ。

4．転移を理解する

　劇的観点から言うなら「心の台本」が治療の「今ここ」で反復され、これが言葉で読み取られるならば、それが人間関係、治療関係、対象関係の基本を理解することにつながる。転移では治療の「今ここ」で過去が現在に、現在が過去になる。例えば、幼少期に経験された愛着（アタッチメント）の問題が治療者に対しても転移して繰り返され、心の中に抱えている親への憎しみが、内から外に向けられて分析者に対して展開する。三つ子の魂百まで、すずめ百まで踊りを忘れずと言われるようなものが現実化してくるのであるが、これを過去の反復と呼んだり、過去への退行、固着などと呼んだりする。過去が今まさに反復されているという、「今ここ」の転移解釈を例示するなら、こうやって精神分析の授業を聞いていると寝てしまいそうになるのだが、と言うと寝かけている人の顔が上がる。寝ようとしている最中だからインパクトがあり、「今ここ」のところを指摘していると、少し目覚めて、行動変容あるいは気付きが生まれる。そしてまたすぐに寝るのだが、すぐに変わらないのはこれは治療ではないし、根強い反復だからである。

　そうやって生まれる転移関係の取り扱いこそが分析的治療に特異的なものであり、そのための条件として私たちが重要視しているものが治療構造の意義である。今日は風邪をひいているから30分早く終わる、もう症状が改善されたと言っているから今日は5分で切り上げるということはせず、面接の時間を守る。そうすると、遅れて来たら今日は来たくなかったのだという関係性が読めてくる。だから、治療構造は一旦決めたらなるべく変えないほうがいい。ゲー

ムを展開するためにルールや「土俵」を変えないわけで，特に話が混乱し少しも中味がわからないという場合こそ治療構造を大事にする必要がある。

　もちろん維持され守らねばならい設定を動名詞的に捉えて「セッティング」と呼ぶのだが，セッティングは壊されやすいものであり，患者は遅れて来るし，来なくなるし，連絡しないで休むし，来ても聞いてないし，などということもある。そこで，治療構造を維持するか，あるいは修正するか，より合理的なものに改変していくかということを，二人で考えていかねばならないのである。面接を維持するだけでとにかく精一杯だということもあり，転移解釈ができるようになるまで患者さんを抱えることが肝心で，ここに「いること」ができるように治療を設定し直していくことこそが重要である局面もあるだろう。落ち着いて関係が深まったら，その後に転移解釈こそが大事だと言う人もいる。私はお話にならないものが居場所を得て話になるという「抱える」プロセスは大事だと思う。興味深い違いだが，近いうちに転移の講義がまた改めてあると思うし，この「抱えること」はウィニコット理論の講義で説明したい。

　重要なのは，転移理解というのは精神分析固有の特徴であり，特異的因子であるということである。しかしそれ以前に，行動療法や認知行動療法，ロジャース派，何学派であっても，一貫性や支持，抱えること，頼りになること，そして温かさ，柔軟性など，強調して言わないような非特異的因子というものが実は大事だと言える。重症患者が，居場所を得て抱えられることや支持を依存と共に経験し，ようやく人格のまとまりや修復の機会を得るということもある。

5．見にくい真実に向かう

　そうして我々が最後に辿り着くのは，心の一番見たくないところを知ることであり，今までは抵抗を感じて目を背けて見られなかった「醜いもの」を見つめることができるようになる。絶望した外傷体験を想起し，自分が何に飢えていたのかが分かり，最終的にその現実性と思い込みを知る。もちろんすべてを知ることはできないのだけれど，私の言う「見るなの禁止（Prohibition of Don't Look）」（Kitayama, 2010）を超え，抵抗を克服して真実に向き合うことができるようになることを期待したい。

　ある哲学者は「真なるものは全体である」と言っているが，私たちは残念なことに世界や自分の全体を一人で見ることはできず，いつも部分しか観察できない。やがて分析経験から少し全体を見渡すことができるようになると，曇っ

ていて見えなかった奥が，闇で見えなかった向こうが，不安で見えなかった裏が見えてくる。いい面も悪い面も見えて，嵐の日もあれば晴れる日も，また曇りの日もあるのだということがわかってくる。それが全体としての真実に向かう動きである。「これだけが本当だ。これこそが真実だよ」と部分を強調するのではなく，心の真実性というのは「あれとかこれとか，いろいろあるなあ」という，「思考の自由」に向かう動きによって得られるのであると思う。「見るなの禁止」の物語で，鶴女房が人間でありながら動物であったことにびっくりするのではなく，またそれは動物だ人間だと「あれかこれか」で断定することでもなく，「あれとかこれとか」と全体が見えて，理想は深まる心の自由を得ることである。

そのために私たち自身も指示的でも操作的でもなく，広い視野を維持してできる限り中立でいなければならない。私個人は老人の男で，人種，性格の点で，いろいろな偏りがあると思うが，できる限り中立に，そして「女心」もなかなかわからないけれど，わかるように努める。できる限り巨人ファンの気持ちも理解し，平等に接するよう努力している。巨人ファンだけが僕の目の敵ではないし，広島ファンが球場で立ったり座ったりして応援すると，あれもむかつくのである。巨人でもなく，ヤクルトでもなく，広島でもなく，できる限り虚心坦懐になって，最後はお前は枯れた，何の欲望もないのかという人間になるなら，中立性が完璧になるのだけれども，その時は，もう死んでいる。だから，真実性や中立性，そして全体性は努力目標なのだろう。

Ⅳ 自分にとっての精神分析

ざっと精神分析の全体を見渡してきたが，そのトーンは絶対というものがもはやなくなったポストモダンの精神分析である。昔はフロイトの言ったことは絶対だったが，今や精神分析患者の数より精神分析の書物の数が多いと揶揄される時代となった。しかし，絶対的なものがない分だけ，私たちは冷静になり，より中立でいられるかもしれない。ある患者は，「私にどうしてこんなに不幸が次々と訪れるのでしょうね，先生。どうして，どうして私の子どもたちは次々に病気になるのでしょうか」とおっしゃるけれど，医者もわからないし，僕にもわからない。予報はできるが，実際のところ自然災害を含めて明日何が起きるかわからない，不確実性だけは本当である。

ただし精神分析を勉強されるにあたって，臨床体験は絶対不可欠である。構造化された面接を繰り返し行っておられない人には，この講義は3分の1ぐらいの価値しかない。患者，クライエントとの治療関係を持ち，できればスーパーヴィジョンも受けてほしい。そして，自分が分析を受けるなら，ここでも「私」と，スーパーバイザー，そして訓練分析家から成る三角関係でもまれることになる。あとは，セミナーやこういう研究会みたいなものに参加してもらって，精神分析のトレーニングは完成するのだが，基本は何よりも，自分について考える場所や内省のための時間の確保である。そこで知るのは，日常で自分を決めているのが，自分の性格や「私」を決めている「親」的な要因である。この性格を含む，どうしてここにいてこうして生きているのかということを，それぞれの人生について言葉で考えるのが精神分析である。

　私にとってフロイト精神分析はなぜ面白いのかというと，言葉を得て人生について意味を考えながら人生を生きることを可能にしたことに，深い喜びがあるからだと思う。目玉焼きは，ソースをかけるのがいいのか，醤油をかけるのがおいしいのかが問題になる時，そんなことを特定の誰かと話し合いながら食べると一番うまいのだよというような気づきである。そしてそれはクライエントの症状が消えた，人間関係が良くなったなどという目先の現世利益ではなく，精神分析によって意味を発見して少しは「今ここ」に「味わい」の生まれたことを伝えたい。

　最後に最近少し気に入っている言い方で言えば，「評価の分かれるところに立つ」である。精神分析や精神分析家の，みんなにいろいろ言われることの意味である。今は認知行動療法がライバルだが，次の時代にはまた別の治療法が出てきて批判することだろう。攻撃されるという役割も，因果なことだが，それで人の役に立つという側面がある。精神分析はそういういう文句を言われながら，今も100年も前のフロイトの論文を読み続けているのだ。だから，精神分析は宗教論，政治論，文化論，芸術論でもある。病理学，技法論，治療論だけではなくて，それは個人の生き方，考え方である。フロイトを勉強しながら，あなたも，自分の人生について考えることになるので，精神分析を勉強するのが好きなのだろう。精神分析的に考えるというのは，患者のためだけではなくて，同時に自分の人生についても割り切れなさを噛み締めて，その「生き方」を味わうことなのである。

文　献

Freud, S. (1933) New Introductory Lectures on Psycho-Analysis. SE22.

北山修 (2007) 劇的な精神分析入門. みすず書房.

北山修 (2009) 覆いをとること・つくること. 岩崎学術出版社.

Kitayama, O. (2010) Prohibition of Don't Look. Tokyo, Iwasaki Gakujutsu Shuppansha.

きたやまおさむ (2012) 帰れないヨッパライたちへ—生きるための深層心理学. NHK出版.

Sandler, J., Dre, C. & Holder, A. (1992) The Patient and the Analyst, 2nd edition. (藤山直樹・北山修監訳 (2008) 患者と分析者. 誠信書房)

Spence, D. (1984) Narrative Truth and Historical Truth : Meaning and Interpretation in Psychoanalysis. W.W. Norton.

質疑応答

質問 「親」の学派というのは，括弧書きにされたのは，何か意味があるのでしょうか。どの学派が，認知行動療法が，ユングがなど，どれに合うかというのも，自分が親や親世代から，どういうふうな育てられ方や話を聞いてきたかなどが関係したりするのでしょうか。好みというか，そういうのがあるのかと思ったのですけれども。

北山

なかなか大事なところを聞いてくれました。それは目の前の「親」を指します。フロイト学派は，フロイトを批判できないという特徴がありますよね。目の前の「親」を批判することは本当に怖いことです。拠って立つところが，自分しか残らなくなりますから。だが，自分がここにいるのは，大抵は上司や権威，つまり「親分」たちのせいなのです。その愛する「親」に精神分析を学べと言われるからここにいる。あるいは精神分析が嫌いな先生についているから隠れてここに来ている。というわけで「親」との関係でここにいることが決まっている。そして，それは過去の親との関係の反復でしょう。だからこそ，その人に立ち向かうというか，対峙することが一番難しい。そのことについて考えることは，いつもタブーになりやすいのです。

しかし，今はフロイトを批判しながらフロイトを読むことができる時代になりました。だから，より精神分析らしくなったと思います。「私」はその親とどう出会い直して，どう生きるのかが，親からの自立なのだろうと思うわけです。自分が拠って立つところを批判でき，またちゃんと愛せるようになって初めて精神分析が完成すると思えば，非常に深い学問だと思うのです。これはウィニコットが，ウィニコッティアンなどいないと言ったところだと思うのです。

質問 こういった講義は毎回内容が変わっているところが，やはり精神分析というのは生きた学問なのだということをよく教えていただいているように思います。聞いていて改めて気づくことがたくさんあります。少し内容的に「あっ」と思ったのは，「どうして精神分析で変わるのか」のところで，「退行促進治療の後退」と書いてあるところです。分析をやっていると必ず退行的な状況というのは起こってきて，それは非常に大切だと思います。ある意味その人の人生そのものを扱うような状況ですが，やはり治療の中で，その人が成熟していくということがあるから，退行ということが大事なのだろうと思うのですけれど。

北山

　おっしゃるとおり，退行という言葉は精神分析学会から消えつつあります。しかし，今から30〜40年前は，退行促進的治療や，退行という言葉は本当に治療論において重要でした。「治療論からみた退行」という，中井久夫先生のバリントの本の名訳があります。一つ問題なのは，その総括のないまま消えたような気がするのです。私は今でも退行というのは大事だと思うのです。私が人生で楽しみにしているのは，やはり神宮球場です。だから，そのことは忘れてはいけない。リグレッションがあるから，プログレッションがあるのだと思うのです。リグレッションとプログレッションの間を揺れる。それができたらば，そうありたいなと思う部分です。

　解釈というのは，どちらかというとプログレッションを強調します。その前の少し子どもっぽくなった状態があってこそ初めて，プログレッションがあり得ると思います。しかし，退行論のブームの時は，ひょっとしたら「退行促進」を強調し過ぎたからかもしれないと思うのです。むしろ今は退行受容的治療でしょうか。退行はあってもそれを否定せず，要するに，あってもいいだろうと考える。お祭りの後の洞察的な「抑うつ」が強調されるのですが「お祭り」の中でも人は変わってゆくのです。「まじめ」な段階が強調され，究極の目標とされる中で，退行できるような，遊ぶことができるようになることも人生の全体の一部なのです。

第2講
精神分析小史

前田重治

　精神分析は，ジグムント・フロイト（S. Freud：1856～1939）によって創始され，今日までに世界的に広まり，大きく発展してきた。フロイト（1923）は，「精神分析を理解するためには，その成立と発展をたどるのが今日でもなお最良の方法である」と述べている。したがってこの講では，フロイトによる精神分析の成立過程と，これまでのその発展の歴史を，ごく大まかにたどることにする。

I　フロイト時代

　フロイトが，精神分析に関する研究に取り組みをはじめた30歳までの経歴については，末尾の年表（42～46ページ）に記している。

1．前分析期（1885～1897）

　当時の催眠療法といえば，もっぱら直接暗示によって症状を除去するというのが主流であった。ところがウイーンの内科医ブロイエル（J. Breuer）は，多彩なヒステリー症状を示していたO・アンナの治療に際して，催眠状態のもとで自由に喋らせる方法で治療に成功していた。フロイトは，パリで催眠の大家として有名であったシャルコーのもとで催眠やヒステリーについて学び，1886年にウイーンに戻ってくると，二人でその研究を続けることになった。
　フロイトはブロイエルの方法を「カタルシス療法」として追求していき，ヒステリーでは，心の奥底に過去の体験，ことに性的な外傷体験にまつわる記憶や感情が意識に浮かぶことが防衛されていることに気づいてきた。それでヒステリーでは，無意識のうちに抑圧されているものを意識へもたらす方法を，「煙突掃除療法」とも呼んでいた（O・アンナからは，「お喋り療法」とも呼ばれている）。そうした治療例の中から4例を選んで，ブロイエルとの共著で『ヒ

ステリー研究』(1895) として発表した。そののちブロイエルは, 共同研究からは身を退いてしまった。

たしかに催眠によるカタルシスは有効ではあったが, 症例を重ねてゆくうちに, その治療的な成功は医師との関係に依存しているもので, その関係が崩れると, 再発することも解ってきて, 催眠に代わる方法が必要になった。

フロイト (1925) によれば, 1889年にナンシーでの催眠の大家ベルネームを訪れた際の催眠の実験を思い出したという。深い催眠状態から覚めた患者は, その間に起こったことについての記憶はない。しかしベルネームは, それは知っているはずだと強要しながら, 額に手を置いて喋らせていくと, 意識から遠ざけられていた記憶が出現してきたものである。

そこでフロイトは催眠を用いずに, 額に手を当てて励ましながら連想を待っていると (前額法), ムリに強要しなくても, しだいに忘れられていた記憶が意識に浮かんでくるに違いないと考えた。そして寝椅子の上で, 自分を注意深く観察していると, 連想は広がってくることを臨床的に体験した。やがて催眠も前額法も放棄して, 「自由連想」という方法へと移行していくことになる。そこでは, 自分に具合いが悪いことでも, それが無意味でくだらないと感じられることでも, また病気に関係がないと思われることでも, 何でも思いつくままに, 自由に報告することを勧めるようにした。これが自由連想のはじまりである (寝椅子というのは, 前額法の名残でもある)。

2. 解釈術としての精神分析 (1896〜1908)

そうした自由連想は, カタルシス療法ではなく, 「精神分析」と呼ばれるようになった。その自由連想で患者が提供してくる材料は, 無意識に抑圧されているものの意味を暗示しているものとして, その意味を推測することが重要であるとされた。そして数多くの経験から, 分析者は広く注意を漂わせながら, 患者の無意識を自分自身の無意識の活動に任せてとらえる方法を「自由連想法」として創始したものである (1898)。

こうして「失錯行為」の無意識的な意味が解釈されたり, 「夢」形成のメカニズムや, 夢の象徴的意味の解釈が行われたりした (『夢判断』)。

さらにヒステリー症状での外傷的体験を追及して, 思春期あるいは幼児期の昔にまでさかのぼってゆくと, そこに性生活における外傷があることが明らかになってきた。それでヒステリーや恐怖症, 強迫神経症は, はるか昔に受けた

外傷が心的加工された（象徴的な）表現であるところから「精神神経症」と名づけられ，現実に起因する神経衰弱や不安神経症を「現実神経症」として区別した。

この精神神経症では，幼児期の性生活が問題になってくる（「幼児性欲論」）。そこで人の生活において，性的欲動の力学的な現れを「リビドー」と呼び，これは身体の性感帯から生じる部分的な欲動として考えられた。つまり口愛的段階，それにつづく肛門愛段階，そして性器（男根）段階である。とくに男児の場合には，エディプス・コンプレックスが考えられ，これらを順調に克服してゆくことが成熟した正常な人間の特徴であるとした。それでそこまで成熟していない場合には，現実での不満や拒絶に出会うと，発達段階の早期に退行し，神経症が形成されると考えた。その後, 弟子のアブラハム (K. Abraham) (1924) は，各段階をさらに前期と後期に分けて，その病理を明確化している。

このような観点から，分析理論を進めてきたフロイトは，症例ドラの分析において，治療者に対する患者の特別な感情，つまり「転移」という問題に直面することになる。それには情愛深い献身から，かたくなな敵意にいたるまでのヴァリエイションがあって，これは幼少期の（主として両親への）無意識的な態度から由来しているものと考えられた。この「転移」は，治療においては大きな抵抗となるものであるが，後にはその治療では転移を分析することが，無意識領域へのアプローチに大きな役割を持つものであることが解明されてくる。

3．技法の確立と精神分析運動（1908〜1920）

フロイトは臨床体験と自分の夢の分析などから，神経症でのエディプス・コンプレックスの意義を重視するようになり，1910年代の初期には，精神分析の基礎理論ができたものと言えよう。そこにアドラー (A. Adler) やユング (C.G. Jung) も参加し，精神分析の信奉者たちの学会も開かれている。

そしてフロイト学説は，ヨーロッパの国境を超えて，米国にも知れ渡ってきた。それで1909年には，クラーク大学に招かれて講演を行った（「精神分析五講」）。これはそののち，米国で精神分析が大きく発展してきたことを考えると，その渡米の意義は大きい。一方で，フロイトの欲動論に異を唱えたアドラーとユングは去ってゆく。

フロイトの欲動論も，神経症の枠をこえて，リビドーが自我に向けられる自

己愛の問題から，さらに自己愛的障害（精神病）の分析へと広がり始める。それと並行して，精神分析の技術も，無意識を直接解釈する技法から，いかに抵抗を克服するかという問題へ焦点づけられてきた（「想起，反復，徹底操作」）。そして，今日にいたる「自由連想法」の技法が確立されてきたものである。

そこで，それまでの精神分析の理論と方法とを総括した『精神分析入門』の講義がウイーン大学で行われ，翌年から2年にわたって出版されている。そこでは，精神分析は臨床的に観察された事実にもとづく問題の解決に努め，経験をたよりに手探りで前進してきたが，つねにその学説を改正あるいは修正する用意もあることも述べられている。

4．死の本能と自我心理学への転換（1920～1939）

それまで基本的なリビドー（欲動）と対立するものとして，（抑圧の）抵抗となる自己保存本能として自我欲動が考えられていた。それが1920年には，リビドーに由来する「生の欲動」に対立するものとして，「死の欲動」があることが提唱された（「快感原則の彼岸」）。これは人を死へと導く目標を追求する欲動もあるのではないかという考えである。これは生の欲動が愛（エロス）であるのに対して，死の欲動（サナトス）は破壊傾向あるいは攻撃傾向として出現するという欲動二元論である。これには，分析家の間でも賛否両論が生じた。

さらに1923年には，自我，超自我，エス（イド）という三層からなる構造論が提出された（「自我とエス」）。自我については，それ以前の自己愛論の前からも触れられてはいたが，十分ではなかった。その自我機能が明確にとりあげられることになり，そこから精神分析は自我機能を中心とした「精神装置」論として展開されてくる。そしてさらに，それまでの幼児性欲論がおぎなわれて，エディプス・コンプレックスが超自我の，ひいては神経症の成立に深い意味があることが主張されている。

またそれまで不安は，リビドーのうっ積によって生じると考えられていたが，1926年には，「制止，症状，不安」において，不安は自我の危険信号であるとされている（現実不安，超自我不安，エス不安）。それに対する各種の防衛メカニズムが，各種の神経症を生むというその特異性が論じられ，ここにフロイトの神経症論が精密に展開されたものといえよう。

そして1933年に出された『続精神分析入門』は，15年前の『精神分析入門』

にとって変わるものではないが，それぞれのテーマが補足・拡大されたり，批判的に修正されたりしている。

一方で精神分析の応用として，それまでの芸術論のほかに，文化論や宗教論なども論述されている。

話は前後するが，門下のフェレンツィ（S. Ferenczi）は前からアブラハムとと対立していたが，1931年には師のフロイトとも対立するようになっていた。それは治療において，フロイトの厳格な中立性を守る技法に対して，治療者は患者と積極的に関わり，人間的な愛情を向けて受容する必要があると主張したからである（積極療法）。これはそののち，ハンガリー出身のラド（S. Rado），スピッツ（R. Spitz），アレキサンダー（F. Alexander）をはじめ，英国のクライン（M. Klein），バリント（M. Balint）らへも多大の影響を与えた。

その後，ドイツのナチスによるユダヤ排斥運動が激しくなり，ユダヤ人フロイトによる学問として，精神分析は冬の時代を迎えている。ゲシュタポによって迫害を受ける分析家たちは，相次いで米国や英国へと亡命していた。例えばブタペストのフェレンツィのもとのバリントはロンドンへ，ベルリンのアブラハムに師事していたクラインもロンドンへ，またホーナイは米国へなど行き先はそれぞれ異なっている。

そして1938年にはフロイト一家も，ついに亡命を余儀なくされた。フロイトは「モーセ」の論文を抱えながら，パリを経由してロンドンへと亡命した。そこで「精神分析概論」を執筆しながら1939年に亡くなった。享年83歳であった。

II　フロイト以後の展開

フロイトに始まった自我の構造論は，アンナ・フロイト（A. Frued）やハルトマン（H. Hartmann）によって，新たな自我心理学へと展開してゆく。またフロイト門下の分析家から教えを受けた若い後継者たちによって，フロイト学説は補足されたり，修正されたりして，新しい学派へと発展していく。そしてフロイトの欲動論から離れた米国のホーナイ（K. Horney）や，トンプソン（C. Thompson）やサリヴァン（H.S. Sullivan）らによって，新フロイト派（対人関係論とか，文化・社会学派とも呼ばれた）が台頭するし，英国では，クラインらの対象関係論が勃興してきた。それは1940年代前半から，自我心理学

のアンナ・フロイトと児童分析をめぐっての大論争ともなっている。その詳細は別の講（第4巻第6講）にゆずるが，これは自我心理学と対象関係論との対立であったが，これは両派にとってその後の理論の発展に大きく寄与したものと言えよう。

その論争に対して，その中間の立場をとっていたウィニコット（D.W. Winnicott）やバリントは，中間学派と呼ばれるようになる。

さらにウイーン生まれのコフート（H. Kohut）は，1940年にシカゴに移り，1950年代の終わりから自己愛障害の研究をすすめ，独自な自己心理学を提唱した。

このように今日では自我心理学派，対象関係論派，中間学派（独立学派），さらに自己心理学派が発展してきているが，それらはフロイトの精神分析が生物学的・個体主義的な「一者心理学」であったのに対して，患者との対象関係を重視する「二者心理学」への展開とみることができる。そして治療対象も，神経症からさまざまな自我障害や精神病へと拡大されてきている。

最近になって，米国の対人関係論の流れをくむミッチェル（S.A. Mitchell）とグリーンベルグ（J.R. Greenberg）によって，関係学派も提唱されている。

これらの内容は，第3巻と第4巻において詳述されるので，参考にしてほしい。

1. 自我心理学の展開

父の後継者としてアンナ・フロイトは，自我の防衛機制を発達的な立場からさらに解明した。そして「発達ライン」を想定するなどの乳幼児の発達研究をすすめ，スピッツ，ボウルビー（J. Bowlby），マーラー（M.S. Mahler），ジェイコブソン（E. Jacobson），ブロス（P. Blos）らを中心とする発達心理学的な実証的研究の道を開いた。それはさらに，社会的・文化的背景もふまえたエリクソンのライフサイクル論へと続くことになった。

いっぽう門下にいたハルトマンは，脳の成熟という生物主義的な構造をふまえた適応論を体系化して，新たな自我心理学を確立した。これは自我には防衛機能だけではなく，知覚，思考，記憶，学習，知能など「葛藤外の自我領域」もあり，適応は脳や身体の成熟と，葛藤の克服との組み合わせによるという見解である。そうした構造論をふまえた「自我装置」という考えは，健康な人の一般心理学に通じるものがあり，米国での力動精神医学に大きく貢献することとなっている。

今日までに，ベラック（L. Bellak），ブレンナー（C. Brenner），グリーンソン（R.R. Greenson），アロウー（J.A. Arlow），ギル（M.M. Gill），カーンバーグ（O.F. Kernberg）など，多くの分析家を輩出している。

2．対象関係論の展開
　対象関係というのは，自他の相互関係を意味するもので，フロイトもその著作の中で，ときどき使っていた言葉ではある。
　ここにクラインは，外的現実とは区別される精神内界を重視し，そこでの自己と内的対象との相互交流を中心に見てゆく新たな内的対象関係論を展開した。クラインは児童分析の体験から，子どもの遊戯（プレイ）として表出されるものの中には，無意識的空想（幻想）が存在していることを信じた。そして「好い乳房」「悪い乳房」という投影された部分対象と，それに対応する部分自己との相互関係を追及し，原始的防衛機制について画期的な究明を行った。そして好い対象と悪い対象との統合が，その個人の人格の成熟をもたらすという。
　クラインの高弟シーガル（H. Segal）は，師のクラインの技法をさらに体系化することにつとめた。一方ビオン（W.R. Bion）は，集団療法や，精神病の精神分析を展開していたが，のちには精神分析治療を思索的に展開して，独特な図式（グリッド）を提示した。またローゼンフェルド（H. Rosenfeld）は，統合失調症の治療から，精神病性転移を明らかにしている。現代ではとくに，転移と逆転移における「投影同一化」の役割が注目されている。

3．独立学派の展開
　これは1940年代の英国でのアンナ・フロイトとクラインの大論争の際に，そのいずれにも属さなかった第三のグループである。その代表としてはフェアバーン（W.R.D. Fairbairn），ウィニコット，バリントがいる。
　フェアバーンはフロイトの欲動論をすてて，それを「対象希求的」なものとして母子関係の交流に力点を置いた研究を行っていた。そして「悪い対象関係」を分析し，スキゾイド論を打ち出した。こうした早期の空想的な部分的対象関係にもとづいて，フロイトの精神装置に代わる独自の自我構造論を提出した。
　小児科医のウィニコットは，「ほどよい」育児を提唱した。この極端に片よらない「ほどよい」態度というのが，臨床においても特徴的である。この中庸を心得た学派には，とくに共通した理論や治療理念はないようで折衷的な感じ

も受けるが，ともかく眼の前の臨床を重視し，臨機応変に対応していくようである。この立場は，英国ではもっとも広く受け入れられているといわれている。

　ブタペスト出身のバリントは，フェレンツィの後継者であるが，その受身的対象愛が生じる一次対象愛の考えは，土居健郎の「甘え」に通じるものがある。また基底欠損論でも知られている。

4．自己心理学

　米国で自我心理学と並んで，独自の学派として台頭してきたのが，コフートの自己心理学である。コフートは，かつては精神分析の主流にあって「ミスター精神分析」とさえ呼ばれていたが，自己愛人格障害の治療を通して，1971年の『自己の分析』以来，独特な自己構造論を展開している。そこでは幼児の原初的自己が発達した自己形成にいたるには，母親との安定した自己対象側の応答（共感）が重視されるという。

　そして今日では，アトウッド（G.E. Atwood），ストロロウ（R.D. Stolorow）らにより，精神症状や臨床現象を間主観的に理解することに重きをおいた立場もみられている。

5．関係学派

　これは米国において，比較的新しく提唱された学派である。ミッチェル（S.A. Mitchell）（1988）によれば，「心理的現実を眺めるもっとも有用な方法は，精神内界領域と対人関係の領域の両方を囲い込むような関係基盤の中で作用しているとみなすことである」という。これはフロイトの欲動論という一者心理学と対比するもので，ここでの「関係基盤」というのは，これまでの二者心理学でみられてきた内的領域と，外的対人関係とを包括的に統合するための枠組みとして考えられたものである。すべての自己組織体は，その関係基盤の上に展開するものとされている。

　このほかに，精神分析のエビデンスを求めて，神経科学との関連性を探求している研究グループもある。

　このように今日の精神分析の状況は，まさに百花繚乱ともいうべきもので，表現を変えれば群雄割拠の時代ともいえよう。

　ベイトマン（A. Bateman）ら（1995）によれば，「精神分析物語というのは，

歴史と地理とカリスマ的影響の混合物である」という。ここでは地理的な側面からみた学派の特徴や，各国の状況について触れる余裕はなかったが，それについては『精神分析事典』の小此木（2002）による「精神分析の歴史と現況」の図表にゆずりたい。

文　献

Abraham, K.（1924）A Short Study of the Development of the Libido, Viewed in the Light of Mental Disorders.（下坂幸三他訳（1993）心的障害の精神分析に基づくリビドー発達史試論．アーブラハム論文集．岩崎学術出版社）

Bateman, A. & Holmes, J.（1995）Introduction to Psychoanalysis. Routledge.

Fairbairn, W.R.D.（1952）Psychoanalytic Studies of the Personality. Routledge & Kogan Paul.（山口康司訳（1995）人格の精神分析学．講談社学術文庫）

Freud, S.（1914）On the history of the psychoanalytic movement. SE14.（懸田克躬訳（1973）精神分析運動の歴史について．フロイト著作集17．日本教文社）

Freud, S.（1923）Psychoanalyse und libido theorie. SE18.（高田淑訳（1984）精神分析とリビドー論．フロイト著作集11．人文書院）

Freud, S.（1925）A autobiographical study. SE20（懸田克躬訳（1973）自らを語る．フロイト著作集17．日本教文社）

前田重治（2008）図説・精神分析を学ぶ．誠信書房．

Mitchell S.A.（1988）Relational Concepts in Psychoanalysis. Horvard University Press.（横井公一訳（1998）精神分析と関係概念．ミネルヴァ書房）

小此木啓吾他編（2002）精神分析事典．岩崎学術出版社．

［付録］精神分析略年表

　　　　　　　　　　　　　　　ゴシック体はフロイトに関する事項

年	動向・著作・論文その他
1856	**フロイト，モラビア地方（現，チェコ）のフライベルグで5月6日に誕生（父ヤコブ40歳，再婚の長男として）**
1859	**ライプツィヒへ移住**
1860	**ウイーンへ移住（8歳でシェークスピアを読む）**
1873	**ウイーン大学医学部に入学（7カ国語が話せる）**
1876	**ブリッケ教授の生理学教室に入る**
1880	ブロイエル，O・アンナの治療開始
1881	**ウイーン大学を卒業（8年がかり，恋愛や青春彷徨のため）**
1882	**マルタと婚約，ウイーン総合病院で臨床医の道へ**
1883	**マイネルトの精神医学教室で学ぶ（神経学者，身体主義）**
1884	**神経科の医長となる。コカインの臨床的研究に熱中する**
1885	**ウイーン大学医学部神経病理学の私講師に任命される（29歳）秋にパリ留学し，シャルコーに催眠を学ぶ**
1886	**ウイーンで開業，結婚，軍隊勤務**
1887	**ブロイエルを介してフリースと交際を始める（ベルリンの耳鼻科医）**
1889	**ナンシーでベルネームの催眠療法に感銘。エミー・フォン・N夫人の治療に催眠カタルシスを用いる**
1890	**ブロイエルとのヒステリーの共同研究始まる**
1892	**エリザベート・フォン・R嬢に「前額法」を用いて想起させる**
1893	**三女アンナ誕生，「ヒステリー現象の心的機制について」**
1894	**ブロイエルとの共同研究終わる。「防衛－神経精神病」**
1895	**共著『ヒステリー研究』，（「イルマの注射の夢」で自己分析し，夢は願望充足という認識を得る）**
1897	**自己分析に着手（エディプス・コンプレックスを自覚）**
1896	**「科学的心理学草稿」「ヒステリーの病因について」「精神分析」という言葉を初めて用いる。父ヤコブの死**
1898	**「自由連想」を始める**
1899	**「隠蔽記憶について」**

年	
1900	『夢判断』,フリースとの友情にヒビが入る
1901	『日常生活の精神病理学』,ローマへ旅行
1902	フリースとの交際が終わる。シュテーケル,アドラーらと心理学水曜会を作る
1904	症例ドーラを発表
1905	『性に関する三つの論文』,「あるヒステリー患者の分析の断片」(症例ドラ)―性的外傷の抑圧による葛藤論
1906	ユングとの定期的な文通始まる
1907	ユングと会う。『イェンゼンの小説「グラディーヴァ」における妄想と夢』,「ねずみ男」の治療開始
1908	ブロイラー,ユングらの参加を得て,ザルツブルグで「国際精神分析学会」を開く。ジョーンズ,フェレンツィらと会う。「性格と肛門愛」「詩人と空想すること」
1909	スタンレー・ホールに招かれ,ユング,フェレンツィと共に渡米し,クラーク大学で講演。「五歳男児の恐怖症分析」(ハンス坊や),「強迫神経症の一症例に関する考察」(症例ねずみ男)
1910	国際精神分析学協会が正式に組織され,ユングが初代会長 「精神分析について」(「精神分析五講」),ウルフマン(狼男)の治療開始,
1911	「自伝的に記述されたパラノイアの一症例」(症例シュレーバー),「精神現象の二原則に関する定式」。アドラー,協会を脱会(「個人心理学」へ)
1912	「分析医に対する分析治療上の注意」,ユングとの関係悪化
1913	「トーテムとタブー」,国際大会をミュンヘンで開催。フェレンツィ,アブラハム,ジョーンズらフロイトを囲む委員会を結成。
1914	ユング,国際精神分析協会を脱退(分析的心理学へ)。「ナルシシズム入門」「想起,反復,徹底操作」。ウルフマンの治療終結
1915	「精神分析入門」の講義をウイーン大学で行う
1916	『精神分析入門』(翌年に完了。それまでの学説の集大成)
1917	「悲哀とメランコリー」
1918	「ある幼児期神経症の病歴より」(症例ウルフマン:狼男)。訓練分析が制度化される
1919	「不気味なもの」,ウルフマンの再治療(4カ月),
1920	「快感原則の彼岸」(死の本能論,本能二元論),「女性同性愛のケース」。第一次大戦後の大会をハーグで開催(戦争神経症の発生によって精神分析への関心がたかまる)。アブラハムらによりベルリン精神分析研究所が設立され,ホーナイ,フロム,フェニヘルら集る
1921	「集団心理学と自我の分析」,クライン,アブラハムに認められてベルリンに移る
1922	上顎口蓋の癌の第1回手術(以後,その死まで33回の手術)。アンナ・フロイトが協会会員となる

1923	「自我とエス」(三層構造論による自我心理学の始まり),クライン『幼児分析』
1924	「神経症と精神病」「マゾヒズムの経済的問題」,アブラハムとフェレンツィの対立,クライン,アブラハムに訓練分析をうける
1925	『自己を語る』,クライン,ジョーンズに招かれてロンドンへ,以後,英国精神分析学会の中でクライン学派を形成する。アブラハム死去
1926	70歳の誕生日にアインシュタイン,ロマン・ロランから祝電,「制止,症状,不安」「素人による精神分析の問題」,A・フロイト『児童分析入門』
1927	『ある幻想の未来』,フェレンツィとの関係が疎遠になる。
1928	「ドストエフスキーと父親殺し」,クライン「エディプス葛藤の早期段階」
1929	マリー・ボナパルトの世話で,内科医シュールより以後10年間治療を受ける。フェレンツィ,協会の仕事から退く
1930	「文化への不満」,ゲーテ文学賞を受賞。母死去
1931	フェレンツィと見解が分かれる。このころエリクソン,A・フロイトから訓練分析をうける
1932	ライヒ『性格分析』,クライン『子どもの精神分析』,ホーナイ,アレキサンダーに招かれて米国へ
1933	『続精神分析入門』(前の『精神分析入門』の改訂版),「戦争はなぜ」。ヒットラー政権の成立とともに精神分析関係の出版物は禁書となる。ベルリン精神分析研究所閉鎖,フェレンツィ死去,エリクソン米国へ,古澤平作,ウイーンに留学
1934	ドイツの精神分析関係者の亡命あいつぐ。ルッツェルンで大会
1936	ゲシュタポ,国際精神分析出版所の全財産を押収。ハルトマン,ニューヨークへ,A・フロイト『自我と防衛』
1937	「終りある分析と終わりなき分析」「分析技法における構成の仕事」
1938	ナチス,オーストリアに侵入。国際精神分析出版所を没収 一家はパリ経由でロンドンに亡命,パリで大会
1939	「人間モーセと一神教」,2月癌再発,手術不可能(9月21日安楽死を願う,以後,昏睡状態),9月23日ロンドンで死去(83歳)。 ハルトマン『自我心理学と適応問題』,ホーナイ『精神分析の新しい道』,アレキサンダー『精神身体医学』
1940	「精神分析概論」(絶筆),シュビング『精神病者の魂への道』
1941	ホーナイ,サリヴァン,フロムら独立して「精神分析の進歩のための学会」設立(新フロイト派),フロム『自由からの逃走』
1942	ホーナイ『自己分析』
1943	A・フロイト,ロンドン北部ハムステッドに子どもの情緒障害の治療研究施設を開設,ワイスとイングリッシュ『心身医学』

1944	A・フロイト『家族なき乳幼児』，（このころより児童分析をめぐって，A・フロイトとクラインの論争が始まる）
1946	クライン『分裂機制についての覚書』
1947	サリヴァン『現代精神医学の概念』
1948	クライン『精神分析への貢献』
1949	サリヴァン，パリで死去
1950	ランク『意志療法』，エリクソン『幼年期と社会』，トンプソン『精神分析の発達』，フロム-ライヒマン『積極的心理療法』，フェダーン死去
1951	フェアバーンが「対象関係論」を提唱，ボウルビィ『乳幼児の精神衛生』（母性的養育の剥奪）
1952	ホーナイ死去，クリス『芸術の精神分析的研究』，バリント『一次愛と精神分析技法』，フェアバーン『人格の精神分析学』
1953	パリ精神分析協会，ナシュトの精神分析研究所とラカンの処遇を巡り分裂し，ドルトらフランス精神分析協会設立
1954	日本で「精神分析研究」創刊
1955	10月に「日本精神分析学会」発足（初代会長に古澤平作），国際精神分析協会日本支部（日本精神分析協会）の新発足
1956	エリクソン『自我同一性の問題』，土居健郎『精神分析』
1957	クライン『羨望と感謝』
1958	メニンガー『精神分析技法論』
1959	フロムライヒマン『精神分析と精神療法』
1960	クライン死去，フランクフルトに国立精神分析研究所設立（所長はミッチャーリヒ）
1961	ガントリップ『人格構造と対人相互関係』，ユング死去
1962	スピッツ『母子関係の成り立ち』
1963	ミッチャーリヒ『父なき社会』，ストックホルム大会で，「精神分析の定義」設定
1964	エリクソン『洞察と責任』，フェアバーン死去，フランス精神分析協会が解散し，フランス精神分析連盟とパリフロイト学派とが成立
1965	ウィニコット『情緒発達の精神分析理論』
1967	バリント『治療論からみた退行』，ラプランシュとポンタリス『精神分析用語辞典』
1968	エリクソン『アイデンティティ』，古澤平作死去（72歳）
1969	ボウルビィ『母子関係の理論』（アタッチメント）

1970	フロム『精神分析の危機』，ハルトマン，バリント死去
1971	ウィニコット『遊ぶことと現実』，コフート『自己の分析』（自己心理学）土居健郎『甘えの構造』，ウィニコット死去
1972	マスターソン『青年期境界例の治療』，ウィニコット『抱えることと解釈』，カーンバーグ，ハルトマン賞受賞
1973	スィーガル『メラニー・クライン入門』，メルツァー『心の性的状態』，ビオン『集団精神療法の基礎』
1974	スピッツ死去
1975	マーラー『乳幼児の心理的誕生』，カーンバーグ『境界状態と病的自己愛』，ガントリップ死去
1977	コフート『自己の修復』，ビオン『精神分析の方法』
1978	オーンスタイン編『コフート入門』
1979	ビオン死去
1980	オグデン『こころのマトリックス』
1981	マスターソン『自己愛と境界例』，コフート死去
1982	アンナ・フロイト，H・ドイチュ，ミッチャーリヒ死去
1984	コフート『自己の治癒』，オグデン『あいだの空間』，フロム死去
1985	スターン『乳児の対人関係』，マーラー死去
1987	ストロロウ『間主観的アプローチ』
1988	フロム死去
1990	ボウルビー，メニンガー死去
1991	ミッチェルとグリンバーグ，関係学派を提唱（関係基盤による）
1993	シュタイナー『こころの退避』
1994	ビオン『臨床セミナー』，エリクソン死去
1996	日本精神分析協会，「新規約」施行，東京・福岡に精神分析インスティテュート設立
2004	日本精神分析学会，および協会の50周年記念大会
2006	フロイト生誕150周年記念大会

第**3**講
フロイト入門

北山　修

I　フロイトを「みる」

　ジークムント・フロイト（S. Frued）は，一生かけて心の理論を書き続け，時に改訂していた。生きた精神分析は今も成長途上にあるので，その心の地図は書き上げられながら，同時に修正加筆されることだろう。ここで強調したいのは，フロイトの著作を読んでパーソナライズ（私有）した視点でフロイトの人生を考え，その心を読んで，最終的には自分なりの「心の理論」を習熟するという，この学習方法のことだ。さらにクラインの，ウィニコットの，エリクソンの「読み方」を取り入れ，彼ら自身の「生き方」を読むことで，当然のごとく自分の人生にも考えが及んで，自らもフロイトのごとく「人生物語」を書き上げていると，それが最終的には患者に対する臨床力となる。
　つまり自らのものも含めて，見えにくい人の人生を，そして心を読み続けることが臨床実践のための練習となるのである。しかも精神分析の自由連想法という設定では，枕もとに座る分析者はあまり患者さんをこの目で見ていない。患者について調べて判断することを医師は「診る」と言うが，看護師も看るし，親が子どもをみるなどという場合，視覚とは別の意味を有するのである。「みる」は主にビジュアルな表現だが，自由連想法の設定では，互いに見えないところに身を置いて見えない人の心を思うのであり，この目で見ないことこそが心の裏側をみていくための方法なのである。
　簡単に患者さんの姿が見える対面法では，非常に社交的で，間が空くことの少ない，時に相手の顔色をうかがうような対話となる。しかし本当のあなたは，実は今から3時間ぐらい前まではいたけれど，2時間ぐらい前から化粧が始まり，1時間ぐらい前に後ろに隠れたのではないか。こういう人生が演劇であるというような人生観から言うなら，私たちはその舞台裏，つまり役者の楽屋で

素顔を見ることになる。

　実際に精神分析を受けてみると，自分が泣いていても分析者には寝ているのかと思われ，伝わっていないことに愕然とする瞬間がある。この誤解やギャップに直面することが，私たちはそれほど簡単に世界と通じ合えるものではないという体験につながるわけだが，そのギャップにも意味があり，それゆえに言葉にすることが間隙を「わたす」方法として評価される。さらに「洗いざらい話す」「言い尽くす」ためや，恥抵抗を減じるためにも，外をあまり見ないことは重要だと思う。

II　なぜ精神分析は書き方，読み方なのか

1．「内なる外国人」は翻訳しないとわからない

　それでは，マホーニー（P. Mahony）（1987）の『書き手としてのフロイト』を参考にして，精神分析が書き方，読み方の科学であることを説明しておこう。まずは，人間の主観の多くは比喩的に外国語で成り立っており，翻訳しないとわからないということである。私たちは赤ちゃんの頃は，夜になると切り刻まれる，おばけが出て来るなどと思い込み，とてつもなく怖かっただろう。あるいは幼い頃，夢の世界や，地震が起きて一生会えないと思い込んだ空想の世界がある。それは，常識的な言語とは次元の異なる「内なる外国」（Freud, 1933）のような言語世界であるが，大人になってそれを普通の人が想起し考えるためには，この国の言語に翻訳する必要があり，それを解釈（通訳）すると言う。実はあなたは「立って歩く豚」だったが，これを忘れる人間は，この国に適応するために，その主観的な言語を抑圧し，この国の言葉をしゃべることにしているというのだ。

2．もともと言葉による治療だった

　だから心の底には，言いたいけれども口にできないような類のことが渦巻いている。そういった，なかなかしゃべれないことが言葉で言えると，症状で表現されていたものが解消し楽になることがある。昔からこのカタルシス効果で，多くの人たちが癒されており，無意識を扱う言語的治療の歴史は100年前から始まったフロイトの精神分析が最初ではない。私たちは数千年前なら，象徴操作という形でこれを実践したヒーラーや神官の末裔であると自覚することは大

事であり，同業者でライバルとは一部の宗教なのだ。患者さんから見るとどちらも「効くよ」と言うが，同じ迷える人たちをこちらに呼び込むのも私たちの仕事なのでもあり，国家資格ができても事情は変わりがない。それゆえ，多くの人を相手にして理論を語り，自己紹介して，疑われ批判されながら，市民権を得ていくことが重要だと思う。

3．書くことによる洞察

　こうして，話すことによる治療，トーキング・キュアはあちこちで起こり得る。加えて，フロイトは書くことで良くなるというライティング・キュアをも経験しているようである。フロイト自身も，父親に対する愛と憎しみのアンビバレンツについて論文を書くことが表出と整理となり，第三者的な読者の前で洞察を得ているように思う。言いにくいこと，書きにくいことを書いて発表することは，その困難を他者，第三者の前で「生きる」ことになり，自己洞察の機会でもあった。

4．自身を知るには「鏡」が必要

　「汝自身を知れ」という哲学者の言い方があるが，私たちは自分だけで自分を知ることはできず，他者を「鏡」にすることで初めてこれを行うことができる。歌手は自分の声が聴こえるから，きちんと音程どおりに歌を歌えるのだし，野球の王選手は鏡の前で素振りをしていたという。そうやって自分を見ることで，私は私の言動を知り律することもできる。私は今ここで皆さんに向けてしゃべっている私自身の姿が，皆さんの顔や瞳に映り私に見えてくる感じがするが，これが取り入れられるなら，皆さんを得て行う私のセルフモニタリングなのである。

5．精神分析は比喩に満ちている

　精神分析の言語は比喩に満ちていて，例えば私は見えない心を野球の比喩でなんとか描き出している。心にはもともと名前などついていないので，心のための言語はすべてが比喩のようなものなのである。言うに言えない傷や，辛い嵐のような寂しさ，そして荒唐無稽な心の渦巻きを描く言葉は，たとえばこう言えるのではないかという「喩え」の類から始まるものである。だから私たちは比喩の使用に長けていることが大事であり，そのお手本としてのフロイトは文学者であり詩人なのである（北山，1988）。

6. 精神分析は語りの治療法

　人間は物語る動物であり，精神分析は人生を物語として紡いでいって，人生のストーリーを語らせる治療法である。多くの患者さんたちは悲劇的な人生を生きておられるが，それを言語化し，再構成し（Freud, 1937），物語として紡ぎ出し「語り直し」ていくことで自分の心を生き直す試みである。老人であっても子どもであっても，人生物語の紡ぎ出しは生きるために必要な心の支えとなるのである。

7. フロイトは読者の抵抗を意識して書いている

　フロイトを読むことが少しは治療的になるのは，読者に分析的体験を提供するからである。たとえばフロイトは読者の抵抗を意識しながら，読者をまるで精神分析へ導くように語っている。だからフロイトの著作の多くは読者と対話しており，その単行本やエッセィを読むなら，文は人なりと言えるような，精神分析家としての著者の心を感じて模擬的な抵抗分析や転移の取り扱いを経験できる。

Ⅲ　フロイトの修辞学

　次いで，フロイトの文章の特徴で，説得力のあるところをいくつか挙げていく。またフロイトをまるで聖書の如く読んでしまうと危険であり，そのレトリックや技法を知ることで，書き方として学んでおきたい。

1.「われわれ」と確実さの微調節

　再びマホーニーの指摘だが，彼はドイツ語で Wir，英語では We，つまり「われわれ」を主語にしていることがあるが，これで読者を一挙に仲間にして，みんなもそうなのかと思い込ませる。さらにフロイトは，仮定法や助動詞，副詞，形容詞などで，確実さを微調整している。そうだと言い切っているところもあれば，「おそらくそう言える」，「ひょっとしたらそうかもしれない」というような言い方で，そうであったりなかったり，可能性としてだけ提示しているところもある。私たちが心について語る時も，なんでもかんでも言い切ることができず，確実さの調節が必要だろう。ところが，多くの読者は，その曖昧な文章を真に受けるのだ。

2．比喩の使用

たとえばフロイトの講義の最中，あの扉の向こうに無意識の部屋があり，向こうで知らない人間が騒いでいるとして，無意識の在り方が会場で劇化される（1910年「精神分析五講」）。「ねずみ男」の治療記録で彼は骨董品を指差し，埋もれている無意識は不安にさせるので，ここで取り出して考えると風通しが良くなると感じさせるのだが，彼は心の様子を比喩で捉えて「今ここ」で劇にしていく。

3．言っていることがやっていることになる

講義や書物で転移を語ると，「劇化」により似たようなことが聴衆や読者の側でも起こることになる。「ここにいる皆さんは精神分析がお嫌いでしょう，しかし，ものすごく惹かれてもいるはずです」と私が言って，今ここで起こっていることを例に挙げて聴衆のアンビヴァレンツを指摘できる。今それをやらないと効果はなく，正に「今こそ」が体験の意味を理解する大事な「分かれめ」なのである。それと重要なのは，フロイト（1905）が「機知」論文で「観念の模倣」と呼んだ現象で，小さいことを取り扱うときは声を小さく，大きなことは大きな声で言うというところである。こういう言行一致は，人を惹き付ける説得力を持ち，人の感動を呼ぶ大事な部分だと私は思う。患者さんに「遊ばなければ駄目ですよ」と言っている精神科医が遊んでいなかったら全く説得力がないが，フロイトが遊びについて書いていると文章が遊び始める。強迫的なことについて書いていると強迫的になるように見えるが，強迫から解放されることを説くときは解放された書き方になるだろう。精神科医あるいはサイコロジストが，患者さんの心の中に影響を与えるとすれば，大抵が，言っていることがやっていることになり，やっていることが言っていることになる瞬間なのである。

4．謙虚に主張する

そしてフロイトは，偉そうになりかけても謙虚になる。彼は成功すると急に挫折する人物を描き出したことがあるが，彼自身にもそういう性格傾向があり，それを示す謙虚さが私は好きである（例：1916-1917年「精神分析入門」第一講）。例えば，今この講義でも，精神分析というのはとんでもないことを語るので，皆さんはもう戻って来られないかもしれない，しかし，心ある人たちは戻って

来ますよね，という言い方ができる。こういう低いところからはじめて，大胆に高く跳ぶようなところが，読者に考えさせるのである。

5．誰かに向けて書く

　フロイトは一般読者ではなく，誰かに向けて書いていることがある。たとえば機知の論文は，フロイトを揶揄し冗談を言って馬鹿にしている連中に向けて書かれた。「トーテムとタブー」はユングの宗教論に対しフロイトは対抗意識に駆られて書いているのがわかるが，これが非常に人間臭い。またフロイトは講義する時，自分の知人女性を聴衆の中に探したりもするが，著作でも「みんな」に向けて書くというよりも，「あなた」に向けて書いているところがある。

6．書きながら考える

　実はこの原稿で私は，録音を文字に起こしたものを生かして書いており，原稿を新たに書いているわけではない。フロイト自身が考えられた考え thought thought ではなく，考えている最中の考え thinking thought を提示したと言われるからだ。フロイトは書きながら考えていて，だから書いたものに生きた運動がある。「ここまで書いてきたけれども，これ以上はあまりわからないのでこれで止めます」と言って，突然終わることがあるが，そうすると，ジェットコースターが急に止まったようになり，読者は慣性の法則で放り出されてしまい思考の運動が私たちに残る（例：1908 年「詩人と空想すること」）。

7．二分法と自我

　フロイトには大きな理論的変遷がある。最初の頃は，患者の外傷は現実の事実だと考えていたが，その後，理論を修正して内的な空想に強調点を置いた。またフロイトの思考は，一次過程と二次過程，無意識と意識，現実原則と快感原則などと，心の問題を二分法で捉えて，「あれかこれか」と二つの間の葛藤にもがき苦しむ人間を描き出した。あまり中間的な発想や曖昧な遊びが多くないのだが，エス（衝動）と超自我（不安）という心の二極構造に対して，それを統率する心の動き（防衛）を強調する考え方に，「正・反・合」の力動的運動があり弁証法的である。

Ⅳ 出版と誤訳

1．フロイトの出版物

　次いでフロイトが実際に書いた本の紹介に入ろう。フロイトの著作集は，基本的に年代別とテーマ別の二種類がある。フロイトの独語版全集（Gesammelte Werke）は，ほぼ年代別に並んでいる。英語版「スタンダード・エディション」（SE と略称）全 23 巻もまた，フロイトの若い時から死ぬまでの順番に並んでいる。SE はストレイチー（J. Strachey）がほぼ一人で英訳したという点が特徴で，豊富な訳注がついていて，私たちは『フロイト全著作解説』としてその解説だけを邦訳している。まさにスタンダード（標準版）であり，今や国際的に見て，精神分析の議論は英語でほとんどなされ，その際は SE が引用される。

　再編集されてニュー・スタンダード・エディションが出ると発表されてからもう 20 年が経ってしまったが，編集が終わらないようである。"instinct" を "drive" に置き換えるなどの若干の修正はあるが，新版でもストレイチーの翻訳はほとんど生かされるというので，まずはSEのままでも安価なペーパーバックを買っていただくのがよろしいと思う。昔から日本でも英語で読むことがすすめられ，グリーン（A. Green）らが証言するところでは，ストレイチーのおかげで無意識を語る英語がうまくなるという利点もある。

　日本語だと，岩波書店の『フロイト全集』は SE に倣い年代別で，人文書院の『フロイト著作集』は，自我論や芸術論や性欲論などという形で，テーマ別に編集されている。『フロイト全集』は全巻揃えるのが難しくなっていて，訳語の選択で少し戸惑うこともある。実はここには対立があって，『フロイト全集』はラカニアンや精神病理学のグループが翻訳していて，国際精神分析協会所属の私たちに対し溝のあることが形に現れている。ドイツ語ができる臨床家が周辺にいるならば，共に作り直そうという野心が私に少しはあったが，もう無理だろう。藤山直樹の指導のもとで上智大学のグループが岩崎学術出版社から出している技法論集と症例集は誤訳の修正が徹底的に行われている。そのほか文庫本のフロイトとして，特にちくま文庫の一連の翻訳や，新潮社の高橋義孝・下坂幸三訳の『精神分析入門』，『夢判断』も読みやすい。

　邦訳された資料としては，ユング（C.G. Jung）らとの書簡が面白い。例えば『フロイトと日本人』という書簡集は私たちが編集したものである。それ

と伝記では，フロイトの人生を書いているジョーンズ（E. Jones）の全三巻をさらに一巻にまとめたものが『フロイトの生涯』で，これが一応フロイトの代表的伝記とされているが，弟子が書いているため偏りは大きい。この歪みをゲイ（P. Gay）という歴史家がなんとか補い，邦訳では『フロイト1，2』という本を出していて，こちらが真実のフロイトに近づくことができる。精神分析家の視点からは，ブレーガー（L. Breger）の『フロイト—視野の暗点』がある。フロイトは父親に対するアンビバレンツを強調するが，実は母親に対する反抗や執着が強かったということをフロイトの盲点として紹介している。また，フロイトの周辺では幸せなことばかりではなく，自殺や色恋沙汰でもめたりもしている。そういったサイドストーリーについて触れたものとして，ローゼン（P. Roazen）の一連の著作などがある。そのほかフロイト理論の研究書や解説書としては，サンドラー（J. Sandler）らの『患者と分析者』など名著がたくさんあるが，面白いのが写真集である。フロイトの机の上には，いろいろな骨董品が置いてあって，埋もれている古いものを並べて愛でるというのが，精神分析における個人の考古学的な探求と重なるところである。事典としてはラプランシュ（J. Laplanche）とポンタリス（J.B. Pontalis）の『精神分析用語辞典』は多くが持っている辞典であり，私たちも日本語で『精神分析事典』を編集した。

　私が最近感動したのは，ギルマン（S.L. Gilman）（1993）の『フロイト・人種・ジェンダー』である。なぜユダヤ人が差別され殺されるのか，その「あやしさ」の真相に迫ろうとしている。一つの結論は，ユダヤ人が行う割礼がドイツ人の去勢不安を刺激し，去勢されたユダヤ人は人種的に劣等であるというイメージで差別されていたというものである。フロイトはその投影を引き受けながらそれを解釈して，去勢不安をユダヤ人ではなくて女の問題に置き換えたのだと言う。

2．誤訳問題に参加する

　フロイトを読むことには，誤訳を見つける面白みもある。代表的なのが，"das Ich, das Es, das Uber-Ich"で，これはそのまま英訳すると"the I, the it, the over I"，つまり日本語では言わば「私，それ，上の私」という意味だろう。しかしながらSEにおいては，"ego, id, super-ego"と訳された。それまでの伝統に従ったところもあるが，「私」ではなく「自我」，「それ」ではなく"id"というラテン語に訳すことで特別な実体を扱っているかのような幻想を抱くこ

とができるのかもしれない。フロイトに「自我とエス」という論文があるが,「私とそれ」と訳していたら文学にはなるが,医学部では論文タイトルにならないだろう。本来は日常語を活かして術語化しているにも関わらず,私たちは特殊な専門用語を語って専門家のアイデンティティを打ち出そうとしているのだろうか。しかし臨床では,そんなに我々は特別なものを扱っているわけではなく,「それ」を扱っているのかもしれない。「それ」は「それ」としか言いようがなくて,言葉で明確にすればするほど重要な意味が滑り落ちていくものである。

　こうして,あらゆる翻訳は裏切りであると言われる。翻訳はどうしても全体として原文よりもわかりやすくなり,日常語が専門用語になり,科学的で医学的になることもあるのである。実は,多種多様な日本語訳には統一がないという事実も面白い。ある人は英語でワーキングスルーとカタカナで言ったり,徹底操作と訳したり,結果的に日本語訳がバラバラになっているところに意味がある。一つの用語について複数の日本語がありうるように,物事は重層的で多面的で曖昧なのであり,この事情は臨床における解釈の際の言葉の使用に似てくる。

V　フロイトの人生とフロイト理論

1．フロイトの幼児期

　いよいよ,フロイトが生きた人生を少したどって,その人生と理論とのつながりを過去の観点から見てみよう。フロイトは1856年,チェコのフライブルクという町（現在チェコのPříbor）で誕生した。父親のヤコブ（1815～1896）は織物商の商人で,17歳で初婚,二人の息子エマヌエルとフィリップをもうけ,エマヌエルの息子ヨハン,つまり異母兄の甥っ子が幼いフロイトの年代に近かった。ヤコブの再婚相手がアマリー（1835-1930）で,その長子フロイトを生んだ時,父親が40歳で母親が20歳であった。年老いた父親で,長男のフロイトには最初は母親と異母兄が夫婦ではないかと空想があったという。さらに,子守のチェコ人のレジという人がいて,「子だくさん」であり,こういう複雑な家庭状況を整理するために,フロイトは精神分析を生み出さざるを得なかったのだという。

　フライブルクには,鍛冶屋の2階の小さな一室にフロイトの生家があるが,ここでは原光景体験,つまり両親のセックスが非常に近いところにあったと思

図1　フロイトの生家　　　　図2　Příbor（チェコ）の駅

う。フロイトはセックスについて非常に論理的で倫理的だが、これは「女好き」と言われた父親に対する態度の現れかもしれない。

　1859年、フロイトが3歳の時、父親が商売に失敗して没落し一家が破産し、列車で移住した。そしてもう一つ、この時期に起こった重要な事件は、一つ下の弟が8カ月で死んだことである。病死だが、フロイトはこの弟に対して嫉妬心を向けていたので、それで弟殺しの罪悪感を抱いたのだと自己分析している。

　「三歳の時、僕はフライブルクからライプツィヒへの移住の途中にそこ［プレスラウ］の駅を通過しましたが、そのとき僕が初めて見たガスの炎は僕に地獄で燃えている亡霊を思い出させました」（Freud, 1985）

　この親友フリース（W. Fliess）への手紙（1897年12月3日）の独語原文における「亡霊」は"Geister"であり、おそらく若くして死んだ弟に関わる。さらに列車をめぐる「旅行不安」に関連して、直前の1897年10月3日のフリースへの手紙でこう述べる。

　「僕は一歳下の弟（この弟は二、三カ月で亡くなりました）を邪悪な願望と子どもの本物の嫉妬で向かえたということ、そして、この弟の死によって非難の萌芽が僕の中に残ったということ……」

　ジョーンズ（E. Jones）（1974）は汽車旅行の「恐怖症」をこう解説する。「それは彼の家庭を（究極的には母の乳房を）失うことに対する恐怖に結びついていることがわかった」

　彼の人生には「芸術的なライバル」が再三亡霊のごとく分身として登場する。例えば1880年代の青年フロイトにとり、恋人を奪おうとする恋敵たちが芸術家であった。以下の文章でも、女性の心を魅了する男性芸術家たちの創造

性と名声についてフロイトが批判的に分析していることがよくわかる。彼こそが，芸術家との三角関係で自分の中に巻き起こる芸術的感動を許せないのである（北山，2010）。

「たとえば音楽などでは，私はほとんど愉快を感じない」(Freud, 1914)

「芸術家は強すぎるともいえる欲動の要求にかられて，名誉，権力，富，名声および婦人の愛を獲得したいと望んでいるのですが，しかし，彼らにはこれらを満足させうる手段のもちあわせがありません」(Freud, 1916-17)

ゲイは，フロイトを"unmusical"と形容しているが，この音楽を巡る三角関係には母親が"musical"（E. Jones）であったことも貢献しているだろう。また，自由連想法は『三日間で作家になるコツ』という本からヒントを得たものだが（Freud, 1920），彼自身が作家になりたいと感じ，同時に強く嫉妬していたことが推察できる。そしてこれを昇華し最終的に彼は，患者のライフストーリーを言葉で紡ぎ出す方法を提示し，彼自身もまた芸術的な書き手になったのである。芸術家への嫉妬をフロイトが意識化している事実を具体的に知るには，6歳下の作家シュニッツラー（A. Schnitzler）への1906年の手紙（Freud, 1975）を読めばいい。

「これまでは驚嘆（bewundern）の対象であった詩人という存在を，羨ましく思う（beneiden）までになりました」

彼は芸術家への嫉妬や羨望にも関わらず，相手の価値を正直に認め，洞察して自ら芸術的な科学としての精神分析を創造した。問題は芸術か科学かの二分法だったが，解決は両方を併せ持ち，その葛藤で苦しむことだったのである。フロイトは母親からは長男として期待され，12歳の頃には「末は大臣か」と言われていた。語学的な才能があり，英語，ドイツ語，ラテン語，フランス語などをマスターし，シェークスピアが好きであった。フロイトに医学を動機づけたものとして，ダーヴィンとゲーテがあげられている。1873年，17歳の若さでウィーン大学に入った。

2．精神分析の誕生と発展

1881年，医師資格をとったフロイトが留学したパリ大学医学部では，神経学者シャルコー（J.M. Charcot）がヒステリー患者に催眠をかけて症状を消して出現させたりしていた。彼らは催眠と暗示を通し，無意識の深層心理が症状や治療の背後に存在することに気づきつつあったのである。他方でオーストリ

アでは，後にフロイトの共同研究者となったブロイアー（J. Breuer）が，催眠下で自由に喋ることが許されるならヒステリーの症状がよくなることを発見していた。

その後1890年代，フロイトの父が亡くなった後に，フリースという耳鼻科医と仲良くなる。フロイトのフリースへの手紙が書簡集として発表され，邦訳もあり，フロイトの私生活や考えを知るにはとても参考になる。パーソナルなことが数多く書いてあり，フロイトはこの手紙を破棄してもらいたかったらしいが，発表論文と手紙という豊富な言語的資料が二つあるおかげで，フロイトの生き方の理解が立体的になってくる。フリースとの交際は1902年に終わり，次はユングがライバルとして登場する。国際精神分析協会を設立する時，精神分析に対する人々の差別感情を払拭するために，ユダヤ人ではないユングを初代会長に就任させた。国際精神分析協会の学術集会が開かれ，そこには『性欲論』や『夢分析』を読んだジョーンズ，フェレンツィ（S. Ferenczi），タウスク（V. Tausk）と多彩な人物が集まってくる。しかし，タウスクは最後に自殺してしまい，フロイトはフェレンツィとも決別し，1913年にはユングとも決別し，「弟」たちとの集散離合は反復される。

フロイトは，心における意識と無意識との乖離は神経症に特有ではなく広く発生するものであり，他の方法では表現を見出せない無意識的な何かが神経症症状として突出すると考えた。そして，外傷的な出来事が症状の背後にあると考え，それを意識化させて感情の発散をもたらすカタルシスの試みが精神分析の誕生につながった。さまざまな試みを経て，催眠術という意図的な操作ではない，カウチ（寝椅子）に横になった患者が心に浮かぶいろいろな考えを選択することなく言語化するという自由連想法を完成させた。当時は，週に六回，一時間のセッションを提供していたが，そういう頻度の高い分析的設定でさまざまな概念が誕生し臨床体験と理解は深化していったのである。

精神分析は無意識の心理学として，意識心理学に対する形で「メタサイコロジー」と呼ばれ，普通は意識することの禁止が抑圧された無意識の指標である。やがて，問題は現実にあった出来事の記憶ではなく，むしろ空想上の話だと考えたフロイトは外傷説を放棄し，内的願望や衝動，および欲動が表に表れてくるメカニズムを強調した。著作『夢判断』（1900）において自らの例を含む夢について，無意識的願望が表出されて夢が形成される過程を分析し，本能的な願望は直接的な表現を求めながら，現実や理想との間で葛藤が生まれ，抑圧や

その他の防衛という検閲や妥協により加工された顕在夢（manifest dream）が誕生すると説明した。

　心を動かす性的エネルギーはリビドー（libido）と呼ばれたが，機知や冗談の分析ではその働きの例証として，効果的な表現による笑いの目的はエネルギーの節約であり，その節約を通して心が楽になることが示された。後には性的エネルギーに加えて攻撃性に重きをおいて，破壊的欲動論の観点はその後のクライン学派に大きな影響を与えた。フロイトの考えの特徴として二分法はその著作の随所に見られ，たとえば非論理的な無意識的思考の一次過程（primary process）に対して意識的思考は現実的で論理的な二次過程（secondary process）に従って機能している。また，無意識的な願望は快楽原則（pleasure principle）に従うのに対し，意識的なシステムは現実原則に従って機能する。主観的な内的現実あるいは心的現実に対し客観的な外的現実があり，心はその両方に二股をかけて生きる。そのため，両立しない二つの原理が割り切れない状況を作り出し，必然的に心はその葛藤や分裂が生じ多くの場合でその解決が求められることになる。こういう葛藤の表れの代表がアンビバレンス（ambivalence）であり，愛と憎しみのように同じ対象に両立し難い感情や態度を向ける心的現象である。

　次いで重要なのが，発達論的（developmental），発生論的（genetic）と言われる観点である。そこでは，全ての心的現象は過去に起源をもち，早期の原型が後期の在り方を決定すると考えられ，後期のものに表面は覆われていても，中身では早期の在り方が現在もなお活動しているのである。それは，早期の心的な在り方に留まろうとする固着（fixation）という現象として，発達していたものが過去に戻ろうとする退行（regression）という現象（日本では「子ども返り」と言う）としても現れる。そして，精神分析療法の中で再構成された被分析者の個々の過去が総合され，作成された時間的発達段階の図式が臨床の分析的理解の準拠枠として重視される。フロイトが提示したモデルは，口唇期，肛門期，男根期，エディプス期，あるいは前性器期と性器期といった段階で描く精神性的発達理論（psychosexual developmental theory）として定式化され，最早期の発達を重視するクライン学派の登場や，客観的観察を行う乳幼児研究の発展で，新たな理解が提示されるまで，広く共有された。

　さらに，文化遺産として共有される神話や昔話の物語を，人々の人生や幼児期，そして家族の物語から生まれたものとして活用する考え方があり，これを

生かしてフロイトは「エディプス・コンプレックス」の理解を提示した。エディプス王はギリシャの物語では父親を殺し母親と性的に交わった男であり、これにより母を愛し父を憎む少年の心理の普遍的であることが主張された。少女の場合もどちらかの親を独占したいので片方をライバル視するという家族的な三角関係が基本だが、男女共に本来の両性愛傾向があるので、それに応じて、それぞれ異性愛的な三角関係と同性愛的な三角関係の両方が可能になる。

また、ギリシャ神話から名をとったナルシシズム（narcissism）の理解では、そうした病理ゆえに転移が生じないことから統合失調症は分析の対象とならないと考えたが、内的世界の豊富な複雑さを見る後継者によって訂正された。これは、今や自己愛 self-love と同等に扱われることがあり、「自惚れ」や「自尊心」というような日常的で健康な心理の意味でも使用されている。

精神分析は、言語的な解釈によって「無意識を意識化する」という言語化を技法的特徴とし、「心の台本」が決定される時として過去（幼児期）を重視し、自由な連想による想起をもとに分析者が過去を再構成し洞察を得るのである。そして、ライバルと競争しこれを排除しようとして、勝利しながら精神分析という女神を擁護したフロイトの、「長男」としての激しい闘いという「台本」は晩年まで続いた。

1923年の『自我とエス』で、精神分析理論としてよく知られる構造論的 structural なモデルを導入し、心をエス（Es）、自我、超自我という三分割で示したのである。そしてエスは快感原則に支配され一次過程に従って機能し、自我（＝私）はエスや現実の要請に同時に応じなければならず、その軋轢のために、抑圧や置き換え、昇華などの獲得した防衛機制を駆使して生きのびようとする。また超自我とは、幼児の同一化や取り入れによって両親などの権威者像として発達し、日常語で言う「良心」の役割を含んでいる。こうして自我は、エス、超自我、幻想と現実などの間を調停、仲裁し、「折り合い」をつけ「さばく」という課題に直面するのだが、不愉快で不適切かもしれない症状や問題行動とは、うまくいかない妥協であり防衛の失敗なのである。そのような神経症的葛藤解決や妥協的調停の成功や失敗は、症状や性格形成だけではなく文化や娯楽、芸術作品の誕生、愛する人の選択などにおいても発見される。

3．フロイトの晩年

このように精神分析をライバルから守りきったフロイトが、その精神分析に

よって一番試されるのは，フロイト自身が老いて死に向かうようになった時である。フロイトはたばこ好きで，結局口に関わるがんを抱え込んでしまう。最初の手術が1922年である。非常にオーラルな人で，おしゃべりだった人間がしゃべりにくくなる，大変な苦痛であったろう。フロイトはこの痛みや苦しみを乗り越えながらまだ論文を書くのだが，ここが一種の凄みを感じるところである。がんの苦しみや死への思いまでもが考えに，文章に昇華されている。そして33回の手術を経験し，長い間モルヒネの使用を拒否したという。

　もう一つフロイトの人生で重要なのは，1927年頃の非医師問題である。フロイトは医師でない者も精神分析のトレーニングを受ければ精神分析家になれると考え，非医師を弁護した。ストレイチーも医師ではなくジャーナリストであり，アンナ・フロイトは大学を卒業していない。一介の主婦と言うと非常に失礼だが，メラニー・クラインが精神分析家になり，大変な論客になるという道を可能にしたのはこの非医師を評価する思想である。だからヨーロッパでは最初から多くの精神分析家が医者ではなく，対してアメリカは長く医者であることにこだわったが，やがて間口は広がり，日本にもすでに精神分析的なサイコロジストが数多くいる。

　1930年，母親が95歳で亡くなった。母の死を乗り越えた頃には，ヒトラーの弾圧が激しくなり，フロイトの本は禁書となった。しかし，生活のためと言われているが，フロイトは亡命を何回か拒んでいる。1938年，とうとうフロイトがロンドンに亡命する日が近づいて写真が撮られ，今では実際のフロイトの家が公開されている。フロイトのミュージアムは世界で二つあるが，一つはウィーンのオフィス兼自宅で，家具がない。家具はロンドンに運ばれたので，二カ所を訪れてそれを総合すると全体像が思い浮かんでくる。フロイトが最後に住んだロンドンのメイヤーズフィールド・ガーデンズという場所にミュージアムがあり，フロイトの有名なコレクションが見られる。ナチスに追われて，ロンドンに亡命した一年後の，1939年，まるで客死のような形で亡くなった。フロイトの銅像と墓地がその近くにある。

Ⅵ　さいごに

　もし皆さんがウィーンを訪れたなら，フロイトが開業していたベルクガッセ19番にあるミュージアムに行かれることだろう。ウィーンにはドナウ川が

流れていて，その川向こうにあるユダヤ人街から，患者「ねずみ男」はやってきた。ベルクガッセは山通りという意味で，フロイトが開業をしていたのは「山道」の途中で，川沿いの低いところからこの坂を登っていくなら，その先にウィーン大学がある。ウィーン大学はノーベル賞クラスの頭脳が集まり，フロイトは教授としてここへ登ろうとしながら結局は登頂することはできなかった。

　人生を味わいながら長く旅したフロイトを読むにあたり，父親殺しと近親婚の物語『エディプス王』は必読である。私は精神分析を学んできて何が思いがけない収穫だったかというと，神話を読み，シェークスピアに触れ，大衆小説も読み，そしてミケランジェロの彫刻，レオナルド・ダ・ヴィンチの絵画，さまざまな芸術作品を鑑賞して考えることができたことである。フロイトを読むということには，さまざまな副読本や作品にも触れ，一端の教養人になれるところがある。フロイトが楽しんだものとは，よく読まれているもの，一般に評価の高いもの，大衆的な美術が多く，冗談を含めるなら，その鑑賞眼は一般的な嗜好とそんなに隔たりがあるわけではない。フロイトを読みながら，こうしていろいろな見聞を広めるができ，広く世界を旅し，そして心の世界も深く旅するというのは思いがけないことだった。

　フロイトを読みながら生きることは面白い。精神分析は確かに苦行のような面があって，自己実現はなく，禁欲が大事だと言う。しかしそう言いながら，ねずみ男の治療記録（2008）で昔の恋人の名前が出たら興奮し，ある時は食事を出しているフロイトは刮目に値する。それが人間フロイトだと思う。治療構造は変えないとされながら，古澤平作に対し「セッションの料金を安くするから」とすすめてくる（北山，2011）。言っていることとやっていることが矛盾しているようだが，私の強調したいのはその両方を合わせてフロイトなのだということである。

文献

Breger, L.（2001）Freud：Darkness in the Midst of Vision. Wiley.（後藤素規・弘田洋二監訳（2007）フロイト―視野の暗点．里文出版）

Freud, S.（1905）Jokes and their relation to the unconscious. SE8.；9-236.

Freud, S.（1908）Creative writers and day-dreaming. SE9.；143-153.

Freud, S.（1910）Five lectures on psycho-analysis. SE10.；9-55.

Freud, S.（1914）The moses of michelangelo. SE13.；209-236.

Freud, S.（1916-1917）Introductory lectures on psycho-analysis. SE15-16.（高橋義孝・下坂幸三訳（1977）精神分析入門（上下）．新潮社）

Freud, S.（1920）A note on the prehistory of the technique of analysis. SE18.；263-265.

Freud, S.（1933）New introductory lectures on psycho-analysis. SE22.

Freud, S.（1937）Constructions in analysis. SE23.；257-269.

Freud, S.（1975）Freud, E.L.（Ed.）Letters of Sigmund Freud. Basic Books.

Freud, S.（1985）Masson, J.M.（Trans. and Ed.）The Complete Letters of Sigmund Freud to Wilhelm Fliess, 1887-1904. Harvard University Press.

Freud, S.（2008）（北山修監訳・編集）「ねずみ男」精神分析の記録．人文書院．

Gay, P.（1987）Freud：A Life in Our Time. W.W.Norton.（鈴木晶訳（1997）フロイト１．みすず書房．）

Gay, P.（1987）Freud：A Life in Our Time. W.W.Norton.（鈴木晶訳（2004）フロイト２．みすず書房．）

Gilman, S.L.（1993）Freud, Race, and Gender. Princeton University Press.（鈴木淑美訳（1997）フロイト・人種・ジェンダー．青土社）

Laplanche, J. et Pontalis, J. -B.（1967）Vocabulaire de la Psychanalyse.（村上仁監訳（1977）精神分析用語辞典．みすず書房）

Jones, E.（1974）Sigmund Freud：Life and Work.（竹友安彦ら訳（1969）フロイトの生涯．紀伊國屋書店）

北山修（1988, 新版 2018）心の消化と排出—文字通りの体験が比喩になる過程．創元社（新版，作品社）．

北山修（2010）最後の授業．みすず書房．

北山修編著（2011）フロイトと日本人．岩崎学術出版社．

Mahony, P.（1987）Freud as a Writer.（北山修監訳（1996）フロイトの書き方．誠信書房）

小此木啓吾・北山修編集（2002）精神分析事典．岩崎学術出版社．

Sandler, J., Dre, C. & Holder, A.（1992）The Patient and the Analyst, 2nd edition.（藤山直樹・北山修監訳（2008）患者と分析者．誠信書房）

Strachey, J.（2005）（北山修監訳・編集）フロイト全著作解説．人文書院．

質疑応答[注]

質問 フロイトは芸術家に対してあまりいい印象を持っていないとのことですが，しかし，芸術家は現在に至るまで精神分析が割と大好きな人が多いですよね。芸術家にとってのフロイトの魅力というのはなんなのでしょうか。

北山

　フロイトが芸術家を嫌いだったのは，彼自身が芸術家になりたかったからであると僕は言っているのですが，それで芸術家をライバル視していたわけです。それはいろいろな証拠があるのですが，自分の恋人マルタが芸術家に惚れるものですから，「いつも女性に対して科学者は損をする」というような意味のことを言っていたのです。だから，フロイトは芸術からいろいろと勉強させてもらって，いろいろと教えてもらっている。文化論も芸術論も書いているわけですけれども，基本的にフロイトは芸術家に対してアンビバレントでした。

　一方，芸術家にとってはフロイトの文章が芸術的なのです。ここまでみんなに読まれているのは文章が魅力的だからです。フロイト自身は科学者だけではなく，半分文学者です。そのことは，フロイトは嬉しくないようなのです。フロイトが一生を通じて自分の書いたものが評価された機会は何回かあるのですが，代表的なものはゲーテ賞をとっていることです。これは文学的な価値を認められた，芥川賞のようなものでしょう。しかし，フロイトは意識的にはノーベル賞，医学生理学賞が欲しかったようです。私たちが今日読むのはフロイトが芸術家で科学者だからであろうかと思いますが，フロイトは科学者として評価されたかったのです。私は両方合わせ持っているところが大事だと思うのですが，フロイトはそれが面白くなかったのかもしれないというのが皮肉なところですね。

注）これは，第1講と第3講に関する総括的な質疑応答である。

質問 人間は生まれながらにして半分狂ったところを持っているという話で，正常な人というのはいないのかな，そもそも正常とは何だろうな，と考えていました。人間は物語を生きていて，精神分析を通して物語をよりよい物語にしていくとおっしゃっていたのですけれども，先生にとっての「よさ」について聞いてみたいです。

北山 ………………………………………………………………………………

　ありがとうございます。そこは私が少し語り損なった，あるいは少し中途半端にならざるを得ないと思う点なのです。質問してもらってとてもうれしいです。わかりやすく言うなら，「半人前モデル」です。胎児の私は，ある程度は母という覆いに包まれている状態で母親を一体であるという経験をする。ところが誕生に際してはその覆いを奪われて，私たち人間は哺乳類の中でも抜きん出て未熟な状態で生まれてくるのです。半分ぐらいは自分で何とかすることができるのだけれど，残りは無力で未熟さがむき出しで，全体として半人前なのです。背景を説明するなら，脳が肥大しすぎてしまったし，お母さんの体が抱えきれないという現実があって，人間は生理的に早産であるわけです。その無力は，具体的には直立歩行ができない，親と同じ言語がしゃべれない，自分で食べたものを自分で消化できないというような点に現れます。これを支えるお母さんが噛んで含んで，消化しやすいものとしてもらわないと駄目で，お母さんのほうが，「ミルクがほしいのね」と理解し，お母さんが積極的に適応しない限り，子どもはミルクを獲得することができないのです。他人の理解と世話をあてにしなくては生き残れないという，極めて情けない状態，これを独語でHilflosigkeit，英語でヘルプレスネスと言うのですが，自分で自分を生きることができないので，多かれ少なかれこの欠損を埋めなくてはいけないことになるのです。ここを埋める方法を人間は考えるのだけれど，願望充足の空想で，あるいは荒唐無稽な考えで埋めるというのが，フロイトあるいはメラニー・クラインの考えでしょう。先ほどの「狂っている」というのは，こういうことで

す。なので，この空想，狂気，胎児期回帰幻想をどう処理するかということが一つの課題となるのです。ここを根本的に無力なままで処理することができない人たち，あるいは欠損を処理しようとするのだけれど処理に失敗している人たちがいます。なんとか処理に成功している人たちとは，狂気を抑圧することができ，押さえつけることができるとか，その処理を文化や代替物で昇華することのできる人たちです。もちろん母子一体が手に入るといっても，大人ではせいぜい温泉に行くことぐらいというわけで，遊びの中，あるいはエンターテインメント，あるいは抱えられた退行状態でしか経験できない。そして，相応しい人と恋に落ちるなどということで処理するのが健康であるというようなことです。逸脱した形で行動化してしまったり，症状化してしまったりしているのが神経症や性格的問題であるとするなら，その突出しているにきびや吹き出ものみたいな症状の意味を，言語や文化活動の中に収めていくというのが解釈であり，これを洞察して取り入れ，自分で自分を律することができるようになることを目指す。

　ただ，この狂った心の芽が誕生するプロセスに関して，楽観的なウィニコット理論では，普通のお母さんが理解を示して上手に適応でき抱えるのだと言い，普通は出生外傷というのはないのです。この場合，出生外傷は，環境の失敗で胎内生活をもぎ取られて外傷化したものですから，これを日本的に「出産外傷」と訳すのはお母さんが傷ついているように聞こえますから間違いです。この分離や断絶の問題を「解釈」で言葉や象徴で扱うと言われるところを，私は，悲劇的な物語をよりよい物語で紡ぎ出していくと言うのです。しかし，これを自

我心理学は，この抑圧すべきものや押し殺すべきものをよりよい自我防衛機制で処理できるようになったと言うわけです。しかし，以上は神経症モデルです。メラニー・クラインが登場し，このファンタジーの運命が，実は抑圧に失敗して吹き出もの として現れるだけではなく，精神病では見境がなく，この持て余している生の幻想を周囲に撒き散らし，投影し転嫁し，排出物が周囲から自分に向かってくると体験すると言うのです。だから，精神分析家は精神病的事態に対しては，これを受け皿として引き受け，時間をかけて本人が納得できるものとして返していく役割を担うことが期待される。ビオンに従うなら，分析的治療者の仕事は，本人が抱えてゆけるようにし，それについて考え扱えるようになることを狙い，理想的にはこの持て余したものを引き受けて解毒して返すという役割であります。だから，一者心理学では，患者の側だけの話だったのが，今や逆転移を経験しながら耐えて，こらえて，抱えて，そしてそれをご本人が納得できるようなものにしていくという二者心理学的な考え方が，精神分析の現代的な展開なのですけれど，今日の私はこれをまだ語っていません。しかし，よい物語を紡ぎだしていくことと私が言ったら，もうこの納得（消化）できるようにする部分も含んでいるのです。相手役として治療者が考え，共に物語をたどりながら紡ぎだしていくということを僕はやっていますし，確かに二者関係的に考えないと，やっていることは説明できないとは思います。詳しくは，私の『心の消化と排出―文字通りの体験が比喩になる過程』（1988，創元社；新版2018，作品社）という本を参考にしてください。

質問 　今，説明されたことに関連して，今回の講義の目的を超えてしまうかもしれないのですけれども。少し蓋をする治療ということ，それから精神分析における非特異的な因子のお話をされました。その二つが，特に重症例の治療において重要だということだったのですけれども，二者心理学において，今おっしゃった言語での転移の解釈ということは，特異的なところに入ると思いますが。非特異的なものというものはどのように整理するのか。あるいは蓋をする治療というものは，どのような形でここに分けるのか。そのあたりを教えていただきたいのですが。

北山

　ありがとうございます。とても重要なことで，私も関心があるし，皆さんも関心を持っておられるところだと思います。私個人は，この受け皿を得て象徴化し，そして外的世界とうまく関わっていくときに役立たねばならないのは，決して言語や洞察だけではなく，いつも例にあげるように，野球や芸術を含めて一切合切が私の役に立ってくれて，私が発狂しないで済んでいると思っています。重症であればあるほど世界中に撒き散らされているのですから，「抱えること」を言語や思考に限定することはできませんし，その権利もありません。治療者の解釈や転移理解だけではなく，一切の可能性が役に立たなければならないものとして患者さんのために構想され考慮されるべきだと思います。だから，私の統合失調症の治療経験では，解釈だけで落ち着かれた例などというのは一人もいないです。例えばウィニコット的に言うのならば，重要な居場所あるいは抱える環境 holding environment に恵まれていないと落ち着かないと思うのです。だから，狂気を心に置いておいて抱えていくには，分析者一人の機能というよりも，私は治療環境全体に継続性があって，安心できて，あてになってというような外的内的両方の要因が大事だと思っています。だから私は，分析者個人の能力や機能だけではなく，マネージメントの一貫性や柔軟性という非特異的因子を強調するのです。

　ある患者さんが落ち着かれたところで，幻聴などはちっとも小さくはなっていないけれど，「人に言わないように」していて，それで自分にもやがて聞こ

えなくなってくると言う人がいました。その上幻聴がある時に，必ず休むことのできた屋根裏部屋があったのですが。居場所の確保などというのは，精神科医としては必ず考慮せばならないマネージメントですが，蓋をつくる，内をつくるなどというような仕事も含むと考えます。「内」という日本語で言うなら，内容を内側に置いておく外的な「家（ウチ）」でもあると思うので，それで覆いをつくる治療と言っているのです。なので，蓋を取って解釈して解毒して，本人に返して，本人が抱えるようになるというような，二者心理学だけではすまないのであり，外的な「抱えること」も含めて，分析的に考えて総合目標にしていかなければと私は思います。だから神経症者の精神病部分にも，精神病者や統合失調症の患者さんにも，蓋を取って中身をこちらが理解していくのだと強調されるアナリストたちに対しては，それは荷が大きすぎて私が引き受けきることができないものだとし，ご本人がのたうち回っていられる居場所の提供も，ささやかな治療の基本となると思います。そして，「いること」ができるようになったら，やがてそれについてどう生きるかを言葉で共に考えていく。だから，患者さんが重症の場合，「お話になる」ケースなのかどうかが大事ですね。うまく，ここのところをきれいに整理できてお話しできたらいいのだけれども。事態は，そんなに簡単な話ではないわけですので。今日のところは，これでよろしいですか。

質問 今,先生がお話しされたこと。治療構造,治療の場というものをやはり考えていくということになる,そういうふうに理解したのですけれども。そうなると,たとえばこの精神分析が行われるセッティングの中での治療方法と,それと何が本当に蓋をする治療になるのかということのずれが,葛藤が生じてくるように思えるのですが。そのあたりはいかがでしょうか。

北山 ……………………………………………………………………

　レベルが高いですね。実は私もそこの議論が好きなのです。だから「不動心」を説く他の方と見比べるなら,私は「動く」ようです。治療構造を守る人たちは,親に会わない,投薬はしない。そして,いろいろとリミットをつけて,その制限の中でとおっしゃいます。しかし私は葛藤しながらも,破綻しているケースを支え,精神病部分に対しては揺れ,臨床条件によっては親にも会いましたし,時に精神科医として投薬もしました。私が投薬をしたケースで,「先生の薬じゃないと効かないんです」という自己愛的な状態になって,「先生の薬じゃなくても効くんですね」ということが 30 年かかって経験できるようになることは重要でした。分析的には「不純」であるのですが,私はそれで満足しています。だから,動かされているのだと知りながらも,特に回数の少ない治療では私は動く,あるいは自身を「働かせる」のです。断絶や欠損を埋める創意工夫や機転,臨機応変というようなことも大事であり,場合によっては絵や造形活動など,非言語的アプローチも活用します。皆さんは,「本当に,北山先生は自由にやっておられますね」と言われるけれど,それが実は葛藤に満ち満ちているのです。小さい人間ですから,「本当は動きたくないし,動いちゃいけないと言われているし,動いているということをフロイトやあの人が知ると批判するだろうな」などと思いながら動いているのです。それが,私の噛みしめる精神分析的な罪であり,精神分析的な葛藤となり,精神分析家としての意味のある悩ましさなのです。

　フロイトもまた「言うな,やるな」と書いていることを,「ねずみ男」の事例で見られるように,時にはやっている。しかし,その間で,彼も葛藤はしているみたいで,苦しんでいるようです。「言うべきことだけを言え」とフロイ

トは教えるわけですが，つい僕らはみ出して，余計なことを言って，思わずやって，その間で葛藤をする。しかしその葛藤こそが，患者が経験できていない葛藤かもしれません。私たちが矛盾や不純を抱え，それも逆転移として体験して，いつか彼らはそれも身につけるようになったらいいなと思い，理解していくのが抱えることのプロセスでしょう。だから私個人は，この精神分析家が精神分析家ではない部分で，患者さんのために何か「良いこと」や治療的なことをしようとすること，そしてそれに失敗もすること，そして仲間にああだこうだと言われていることを，きちんと体験して報告するしかないと思うのです。この「評価の分かれるところ」に身を置くか置かないか，不純な「割りきれなさ」を論じるか論じないかによって，症例報告の印象は全く違うと思います。私はウィニコットが好きなのは，それを「私は時には精神分析的ではないことをする」と書いているからです。この「いびつな」多面性が「絶対に許されない」と言うピューリタンとは決定的に違うのです。だからこれはもうどういう分析家が好きか，どういう風に生きたいのかという個人レベルの問題ですね。またこの世界で私はどういう人として生き，私はどう考えて何を書くのかという個性のレベルですね。人は，誰かに「あいつはこんなやつだった」というふうに言われて終わる部分があるわけですけれど，私は精神分析ではないところを持っている不完全な精神分析家です。その割りきれないこととそれを引き受けることを強調した精神分析家として，記憶されても，記憶されなくてもいいのですが，間違いなく人間としての課題はそれを総合する力だと，今日は言いに来たのです。

第4講

日本における精神分析

前田重治

I 精神分析略年表

年		出来事
1903	(明36)	佐々木政直「ステーリング氏の心理学に関する精神病理学」(哲学雑誌)
1912	(明45)	大槻快尊「物忘れの心理」(心理研究, 1・4), 木村久一「精神分析法の話」(心理研究, 22・8)
1913	(大2)	諸岡存「未婚婦人の夢」(エニグマ) (ランクの夢分析の紹介)
1914	(大3)	上野陽一「フロイドの夢の説」(心理研究)
1917	(大6)	久保良英『精神分析法』(広島文理大:クラーク大学留学中に学ぶ)
1919	(大8)	榊保三郎『性慾研究と精神分析学』(九州帝大精神病学教授)
		丸井清泰は米国ジョン・ホプキンス大学より帰国し, 東北帝大医学部精神病学教室を設立, 精神分析学の講義を始める
1925	(大14)	丸井清泰『小児期精神の衛生と精神分析学』
1928	(昭3)	吉永永美『トーテムとタブー』(最初の翻訳書), 安田徳太郎訳『精神分析入門』, 大槻憲二訳『夢の注釈』など, 春陽堂とアルス社から「フロイド全集」が刊行
1930	(昭5)	矢部八重吉(鉄道省)はフロイトと面会。グローヴァーらより指導を受ける
1931	(昭6)	矢部はジョーンズの推薦により資格を得て, 「国際精神分析学会東京支部」を開設 (会員6名)
1932	(昭7)	古澤平作 (東北大学助教授) は, ウイーンに留学。ステルバらより指導を受ける
1933	(昭8)	丸井清泰はフロイトに面会し「国際精神分析学会仙台支部」の承認を得て創設 (1939年会員14名)。古澤平作, 帰国後に開業。矢部のもとで大槻憲二らは,「東京精神分析学研究所」を設立し,「精神分析」を刊行 (〜昭16, 昭27〜52)。

1945	(昭20)	矢部八重吉, 逝去
1949	(昭24)	古澤を中心とした第1回「精神分析研究会」が開催（以後，昭和30年に「日本精神分析学会」が発足するまで，毎月例会が開かれていた）
1951	(昭26)	K・メニンガー『人間の心』ほか三部作
1952	(昭27)	「精神分析研究会会報」刊行（「精神分析研究」の前身）
1953	(昭28)	丸井清泰, 逝去。日本教文社より『フロイド選集』刊行が始まる
1954	(昭29)	古澤平作は仙台支部の会長に。「精神分析研究」刊行
1955	(昭30)	「日本精神分析学会」発足（会長, 古澤平作）参加者250名（その後，学会は毎年，各地を持ち回りで開催となる）。「国際精神分析学会東京支部」発足（この「日本精神分析協会」は，学会とは一応区別されたが，同一の組織であった）
1958	(昭33)	古澤会長が病臥のため, 三浦袋栄が「日本精神分析学会」会長に。そこで精神分析家で構成されるべき協会は，学会から分離された
1968	(昭43)	古澤平作, 逝去。人文書院より『フロイト著作集』刊行始まる
1969	(昭44)	三浦会長退職の後, 山村道雄, 会長へ。学会の15回総会において「学会のあり方」をめぐる討論集会が提起される［学会紛争］。山村会長のもとで改革の準備がなされ新たな運営委員会が発足。1991（昭46）年，改訂された新しい会則のもとで学会運営が始まる。土居健郎『甘えの構造』
1994	(平6)	1993年のアムステルダムでの国際精神分析学会より，日本支部（日本精神分析協会）に対して，分析家の訓練規則（1991）の完全実施が問われていた（週4日の訓練分析，週4日治療の2例についてのスーパービジョン2年，学説受講）。これを順守するための規約改正［いわゆる「アムステルダム・ショック」］
1996	(平8)	東京・福岡に精神分析インスティテュート設立，精神分析家の教育・訓練システムが発足
1999	(平11)	学会認定制度の発足（認定精神療法家・認定心理療法士），またそれぞれのスーパーバイザー認定制度の発足
2004	(平16)	学会および協会の設立50周年記念大会
2006	(平18)	「フロイト全集」が岩波書店より刊行始まる
2017	(平29)	学会会員, 2,734名（認定精神療法医123名, 認定心理療法士84名, また認定精神療法医スーパーバイザー59名, 認定心理療法士スーパーバイザー27名), 認定研修グループ50団体。協会正会員17名, 準会員12名（訓練分析家12名）。候補生24名, （分析的精神療法家3名（研修生8名）

Ⅱ　学問的な歩み

　フロイト以後，精神分析の研究が進むにつれて，その理論や技法はより精密に，より洗練されながら発展してきた。そこには社会の変化にともなって，対象となる患者の病理がしだいに変遷してきたことも大きく影響している。
　ここで今日までの精神分析の学問的な歩みについて，やや筆者の主観に片よるかもしれないが，おおよその流れを適当に眺めてみよう。

1．草分け時代から学会設立まで
1）大正時代
　妙木ら（2005）の資料によれば，日本に精神分析が初めて紹介されたのは，1903（明治36）年の佐々木政直によるフロイトの『ヒステリー研究』の中の症例報告（「哲学雑誌」）だという。その後，「哲学雑誌」や，新しく出された「心理研究」などに，断片的にいくつか紹介されている。まとまった書物としては，クラーク大学に留学していた東大の教育学者の久保良英による大正2年の『精神分析法』（1917）とされている。
　その当時から昭和初期までは，「フロイド」と訳されていたが，フロイトの学説は書物を通して紹介されてきた。そして心理学者，精神医学者をはじめ，民間の知識人にも，無意識をあつかう深層心理学として興味をもたれていたようである。医師によって最初に書かれたのは，諸岡存の「未婚婦人の夢」で，これは「エニグマ」という文芸誌であった（彼はその翌年に，九大精神科に入局し，後に助教授となっている）。また医学の単行本として最初のものは，九州帝国大学医学部精神病学の初代教授であった榊保三郎の『性慾研究と精神分析学』である。
　そして精神分析学を最初に大学に取り入れたのは，東北帝国大学精神病学教室の丸井清泰教授である。1916（大正5）年に米国のジョン・ホプキンス大学のアドルフ・マイヤーのもとに留学中に精神分析を知り，帰国した大正8年に，わが国で初の精神分析学の講座が開かれた。

2）昭和初期から学会創立まで
　昭和2年の精神神経学会で，丸井と森田療法の森田正馬との間で，精神分析

をめぐって激しい論争があったことは有名である。森田が，精神分析は無価値であるとか，迷信であるとか，批判をくり返し，この論争は昭和7年にかけて続いたようで，学会の名物にもなったらしい。

　その当時，フロイト学説が民間にも広く流布されたのは，妙木（2004）によれば，催眠をやっていた中村古峡の「変態心理」という雑誌によるものであろうという。これは学術雑誌ではなくて，異常心理をとりあげた準学術誌であったが，そこにフロイトの論文が，いろいろと翻訳されて掲載されていた。時はちょうど昭和初期のエロ・グロ・ナンセンスの時代でもあり，そこにフロイトの深層心理学や，夢学説や，性欲論などが紹介されたわけで，それが人びとの好奇心をそそったものでもあろう。これを受けて昭和3年に，アルス社と春陽堂の二社から，フロイド全集が出版されている。

　昭和5年に，鉄道省に勤務していた矢部八重吉がフロイトと面会し，グローヴァーから教育分析を受けている（1回2ギニー＝16,800円）。そしてジョーンズ（国際精神分析学会の会長）から講義を受けたあと，彼から推薦されて精神分析家の資格を得ている。そして帰国してから，「東京精神分析学研究所」を設立した。

　西（2016）によると，矢部八重吉は明治23年（1890）に渡米してカリフォルニア大学を卒業したあと，エール大学にも在籍したりして大正8年（1919）に鉄道省に勤務すると，実験心理学などを研究していた人である。その後，アメリカ時代に興味を持った精神分析に惹かれて，昭和5（1930）年にフロイトを訪れている。かなりセンスのいい人だったようで，3ヵ月の指導で資格を得たというのも，その時代らしい。

　そして昭和8年には，もと鉄道省に勤めていて矢部のもとで精神分析の普及活動に熱心だった大槻憲二が次の会長となって，「精神分析」誌を発刊した。そこにはフロイトをはじめ，広く海外の論文も紹介されている。古澤平作や当時の著名人も，その活動を支援していたようである。その研究所での精神分析の分析料は，はじめは1時間1円であったが，後にはしだいに値上がりして，一通りの分析料は100円から200円を要するようになっていたという。

　話はあと先になるが，佐藤（2002）によれば，丸井の精神分析は，転移や抵抗などには関心がなくて，その技法も患者の自由連想から得られた材料について，無意識内容を解釈して説明するという直接解釈法であったという。その門下で助教授の古澤平作はそれに納得がいかなかったようで，昭和7年にウイー

ンのフロイトのもとへ，文部省海外留学生として留学した。これには帰国したら大学を辞めるという条件がついていたという。

古澤は，はじめフロイトから教育分析を受けるつもりでいたが，1時間50ドルという分析料は無理だった。そこで門弟のステルバの分析（5ドル）と，フェダーンのスーパービジョンを受けた（11カ月）。その際，古澤は，フロイトに自分の「罪悪意識の二種―阿闍世コンプレックス」のドイツ語の論文を提出したが，何の反応もなかったという（83ページ参照）。

そして翌年に帰国すると，田園調布に診療所を開業した。そこで自由連想法を中心とした治療者‐患者関係，つまり転移を重視する技法を用いるようになり，ライヒの性格分析を追試している。そののち，矢部や大槻らとの関係も遠くなっていった。

戦時中にはユダヤの学問として，精神分析は下火になっていたようであるが，丸井らの医学系での仙台支部は活動を続けていた。しかし矢部らの東京支部は，文科系の会員や民間人もいたので活動は低調になり，「精神分析」誌も休刊している（戦後の昭和27年に復刊し，52年まで継続した）。

国をあげての戦争は終わった。戦後には，急速に米国の力動精神医学が移入されてきていたが，昭和24年に古澤を中心として，「精神分析研究会」が発足する（これはその後の「日本精神分析学会」の前身となる）。そして27年には，「精神分析研究会会報」が発刊されている（後の「精神分析研究」の前身となる）。そのころ土居健郎の活躍が見られていた。

2. 学会の設立と発展

昭和30（1955）年に，古澤平作会長のもとで「日本精神分析学会」が発足した。会場となった慶應義塾大学の北里講堂には，全国から250名が集まった。そこには精神科医や心理学者，また土井正徳，懸田克躬，山村道雄などの仙台支部だった会員や，心理学の岡部弥太郎，霜田静志などの顔もみられた。また少数ではあったが宗教家や民間の人も参加していた。

この学会は自由連想法を中心とした正統派の分析から，さらに広い意味での精神分析的な方向づけを持った精神療法も合わせた学会として発展してきた。そこでは精神科医，内科医，臨床心理の人たちなどが参加して，それぞれ自分の考えや症例を発表していた。

やがて，フロイト以後に展開してきた欧米の学派が導入されてきて，今日の

盛況を見るようになった。ここで，時代を区分してその歩みの概略をたどってみよう。

1) 1950年代

昭和30（1955）年に学会が発足した当時は，仙台支部の古参の医師たちも参加していたが，やはり古澤平作の門下生であった若い小此木啓吾，西園昌久らが中心になって，もっぱらフロイトの自由連想法の研究がなされていた。つまり，小此木らの慶應グループと，西園らの九大グループが競い合いながら研究を進めていた。この時期は，フロイトの欲動（リビドー）論から自我心理学への移行期で，治療法としてはフロイトの自由連想法の基本原則と技法が金科玉条として守られていた。そこでは分析家の中立性や，転移，逆転移についての研究がすすめられ，のちに小此木の「治療構造論」が展開されてくることにもなる（72ページ参照）。

この時代には，「フロイド選集」（日本教文社）として，『精神分析入門』『性欲論』『夢判断』をはじめとして，つぎつぎにフロイトの論文が刊行されてきた。これに続いて，ライヒの『性格分析』が注目されたり，アンナ・フロイトの『自我と防衛』が取り上げられたりしていた。その一方で，北見芳雄，佐藤紀子らの『児童分析』も紹介されている。

また米国でのメニンガーの三部作（『人間の心』・『おのれに背くもの』・『愛憎』）の翻訳が出たり，一方でフロム（E.S. Fromm），ホーナイ（K. Horney），フロム‐ライヒマン（F.F. Reichmann）らの新フロイト派も紹介されていた。

2) 60年代

当時の学問的状況をうかがえる1960年の大会での代表的なシンポジウム「心理療法における治療者患者関係」を挙げてみる。そこには，正統派精神分析の立場から西園と池田由子，ホーナイ派から近藤章久，現存在分析派から荻野恒一，臨床心理学の立場からは星野命の名がある。

この時期は，米国で主流になっていた自我心理学の理解がさらに深まっていって，心身医学，家族療法，また薬物精神療法などについての自我心理学の立場からの研究として進められていた。中でも薬物精神療法として，西園昌久の「薬物による依存的精神療法」が注目された（84ページ参照）。これは向精神薬で，患者を早期の依存状態にまで退行させて，対象関係を改善させようと

する治療である。それはそれまでの精神分析では手ごわいとされていた強迫神経症や，そのころから出はじめていた境界例の患者にも適用されたのがユニークであった。

また一方で，小此木と馬場禮子の自我機能の心理テストによる研究も進められ，これは後に『精神力動論』（1972）として総括されている。

臨床的には，50年代の終わりごろより現れ始めていた「境界例」の患者がしだいに増えてきていたが，分裂病を対象とする米国での新しい力動精神医学の動向も取り入れられるようになり，「分裂病の精神力学」のシンポジウムが開かれたり，フロム－ライヒマンの『積極的心理療法』（1961）などが見直されたりもしていた。そののち67年には，児童や青年期の精神医学の分野で活躍する小倉清がメニンガー・クリニックから帰国している。

そして60年代の終りには，全国的に大学紛争がおきてきた。その流れを受けて，精神分析学会でも紛争が生じて，一時期，混乱が見られた。そこで山村道雄会長のもとで学会の内部改革が進められた。そして，あらためて精神分析というものが確認されることになった。

3）70年代

この時期には，小此木や鑪幹八郎によって，エリクソン（E.H. Erikson）の『自我同一性』が紹介されたのが注目すべきことである。またエンジェル（G.L. Angel）の『心身の力動的発達』，スポトニッツ（H. Spotnitz）の『精神分裂病の精神分析』なども出ている。

一方で，クライン（M. Klein）の『羨望と感謝』，スィーガル（H. Segal）の『メラニー・クライン入門』が翻訳されていたが，米国でカーンバーグ（O.F. Kernberg）とガンザーレイン（R.C. Ganzarain）から直接に学んで帰国した岩崎徹也が，対象関係論を導入したことの意義は大きい。またこれと前後して，英国でパデルから学んだ神田橋條治と牛島定信により，（ウィニコット流の）対象関係論も移入されてきた。小此木（2001）によれば，こうしてメニンガー・東京・ロンドン・福岡という二つの流れが，学会の新しい動向をつくり出したという。

当時の学会での主題は，もっぱら境界例の理解と治療におかれていた。その一方で，この年代の終わりごろには，橋本雅雄や牛島によって，ウィニコット（D.W. Winnicott）の『情緒発達の精神分析理論』と『遊ぶことと現実』，また

ガントリップ（H. Guntrip）の『対象関係論の展開』など，あらためて中間学派が導入されている。これはやがてロンドンで学んだ北山修に引き継がれていくことになる。

こうして70年代には，フロイトの個体中心の一者心理学に対して，対象関係を重視する二者心理学が導入されてきて，わが国の精神分析の一つの花盛りの時期であったと言えよう。

4) 80〜90年代

80年代の初頭に，精神科の診断基準として「DSM-Ⅲ」が出たことによって，境界型人格障害をはじめとした，各種の人格障害が注目された。この時期には，メニンガー，ロンドン，タヴィストック，メイヨーなどに留学した若手が，学会のアクティヴな指導層となって活躍した。またカーンバーグやマスターソン（J.F. Masterson）らの境界人格障害の治療は，成田善弘によって深められ，ジェイコブソン（E. Jacobson）やサンドラー（J. Sandler）らの心的表象論は，狩野力八郎によって展開された。この時期には，ともかく境界例を中心に，精神病の治療が精神分析での大きな課題となっていた。岩崎（1975）が導入していた管理医と精神療法者とを分ける「ATスプリット」という方法も盛んに用いられるようになっている。

そのいっぽうで，伊藤洸による『コフート入門』や，舘哲朗などによって，自己心理学も導入されてくる。そしてメイヨーにいた丸田俊彦が，自己心理学の啓蒙に活躍したりもして，自己愛人格障害が注目されている。

1980年代に発展した各種の人格障害の臨床と研究は，対象関係論の広まりによって発展してきた。ロンドンで学んだ衣笠隆幸によるローゼンフェルド（H.A. Rosenfeld）らの破壊的自己愛を持った重症の人格障害の治療，またスタイナー（J. Steiner）らの「病的退避」「病的組織化」，そしてメニンガーにいた高橋哲郎や，ロンドンで学んだ松木邦裕によるビオン（W.R. Bion）の紹介が続いている。またメルツァー（D. Meltzer）などのクライン派の児童分析の新たな動向も生まれている一方で，乳幼児精神保健の領域での，乳幼児研究も展開されている。

その一方で，相田信男はスキゾイド論，また病棟での集団療法の開拓を進めている。

そうした中で，土居健郎の『甘えの構造』（1971）が出た。これはそれまで

の学会でも発表されて来ていた学説を,一般書としてまとめたものであるが,世の中を席巻し,「甘え」という言葉が流行した。学会においても「甘え理論」がシンポジウムで取り上げられ,白熱した討論がなされた（84 ページ参照）。

ここで 1994 年に,精神分析協会の側でおきた大問題に触れなくてはならない。それは,いわゆる「アムステルダム・ショック」とも言われるものである。先の略年表にも記しているが,日本では週に 4 回以上という,いわゆる「毎日分析」が行われていなかったのが,分析家の国際基準に合わないというものである。たしかにわが国では,古澤以来,週に 1, 2 回の分析というのが慣例になっていた（86 ページ参照）。

これに対して,当時の協会会長であった西園をはじめ,会員は大いに当惑した。この勧告を無視すれば,国際学会から外されることになる。それで慎重に協議された結果,国際基準に合わせるように教育訓練のシステムを変更することとなった。もっとも困ったのは,それまでわが国独自の規定で行ってきていた研修生への対応だった。週 4 日の訓練分析,週 4 日のケース 2 例についてのスーパービジョン 2 年以上というのは,プロとして精神分析を開業している分析家が少ない日本では,時間的に無理なようであり,毎日分析を希望するケースを探すというのもなかなか困難なように思われた。

しかし,あえてその困難に立ち向かって研修を続けたいという若い研修生もいたので,それを順守するための規約改正が行われた。そして,所定の訓練を行い,また精神分析の学説の「履修」の一環ともなる「精神分析セミナー」を行うために,東京と福岡にインスティテュートが設立された。さらに適時,「アドバンス・コース」も持たれるようになった。

そうした流れに乗って,協会とは別の組織ではあるが,精神分析学会でも,認定制度が発足し,医師と,心理師とが区別された学会認定制度が発足するようになった。

5) 2000 年代以降

北山修はウィニコットの研究を深めつつ,言語論をふまえた「日本語臨床」という大きな流れをつくった。そして『悲劇の発生論』(1982)や『錯覚と脱錯覚』(1985)から,「見るなの禁止」論を提唱している。これはさらに『幻滅論』(2001)へと展開している（85 ページ参照）。

また一方で,岡野憲一郎の「提供モデル」や「自己開示論」「社会的構成主義」,

丸田の「文脈主義」などの研究も提出されている。

　藤山直樹は，90年代のオグデン(T.H. Ogden)の『こころのマトリックス』で，フロイト，クライン，フェアバーン，ビオン，ウィニコットという5人の代表的な学説との弁証法的対話を通して，精神分析の新しい方向と可能性を見出そうとしていた。そして「間主観的アプローチ」を発展させ，ユニークな対象関係論の臨床を実践していた。そして彼の会長講演以来，あらためて精神分析の本質を解明するために，「精神分析らしさ」とは何かを，会員に問いかけてきている。これは，今日，学会の会員がめざましく増加し，そこでは週1回程度のわが国独特な「精神分析的精神療法」が増えていることともからんで，毎日分析による精神分析プロパーとの違いを明らかにしようというものである(86ページ参照)。

　このほか対象関係論にしても，自己心理学にしても，その後継者たちによる新しい精神分析が提出されてきている。米国の(かつては新フロイト派と呼ばれていた)対人関係派からは，関係学派も出ている。また一方では，独立学派に近い分析家もしだいに増えてきている。したがって，その治療領域も神経症から精神病，年齢も子どもから成人まで多岐にわたっている。それらが多士済々ともいうべき各地の分析家たちによって，多彩な理論や治療法として提出されている今日，ここでその全貌を要約して述べることは難しい。

　ちなみに平成28年度の学会で取り上げられたセミナーの題目を紹介しておこう。全体としては「精神分析的臨床を構成するもの」という大きなもの，そして研修セミナーとして，「クライン派精神分析の展望」「グループを体験する」「精神分析的マネージメント」「自己愛と怒り」「スーパービジョンを考える」「子どもの精神分析的心理療法」「力動的児童精神科臨床を考える」「精神分析的精神療法の診断面接のすすめかた」「中間学派の理論と実践」「精神病パーソナリティ」「逆転移」「ウィニコットと子どもの臨床」「ビデオ録画による心理療法」と，百花繚乱である。

　また近年は，国際交流が盛んに行われるようになって，欧米をはじめ，韓国，中国，インドなどのアジア諸国の分析家との行き来が増えてきている。これは西園(2016)によれば，「他者の文化から学ばなければならない」というのが，国際精神分析学会の活動の理念にもとづくものであるという。

Ⅲ　わが国独自の精神分析

これまでのわが国の精神分析の歩みをふりかえってみると，フロイトをはじめとして，各学派の理論や技法は，欧米から導入されてきたものである。しかし日本で生まれた独特な理論や技法もなかったとは言えない。その代表的なものを挙げてみよう。

1. 古澤平作の「阿闍世コンプレックス」

阿闍世とは，釈迦の時代の印度の王子である。王妃は自分の容姿が衰えて，夫の愛を失うことを不安に思い，早く王子を産みたいとと願った。それで，「山の仙人が死んだら子どもが生まれる」という予言者の言葉を信じて，すぐにその仙人を殺して，子どもを身ごもった。こうした母親の独善的な願望から，あまり生みたくもないのに生まれたその子は，高い塔の上から落とされたりもする。

成人してそれを知った王子は，父母への恨みから父親を牢獄に閉じ込めて餓死させる。それを助けようとした（自分を裏切った）母親も殺害しようとしたが，これは大臣から戒められて止めた。そのあと父親殺しの罪悪感のために病気となったが，母親の献身的な看護でよくなる。阿闍世には，自分の罪が母の愛によって受け入れられ，許された時に，「悪かった」という懺悔心が生じ，それがコンプレックスとなるというものである。

古澤（1932）は，日本の患者には母親に対するアンビヴァレンスが多いことから，仏典のこの話にもとづいた「罪悪意識の二種」という論文をフロイトに掲出した。これは近親姦や三角関係という性愛にもとづくエディプス・コンプレックスとは次元の違った，自分の出生にかかわるコンプレックスである。このように罪悪感には，処罰型と許され型（懺悔心）の二種があるという考えである。しかし，母子関係をめぐる問題については盲点があったフロイトには通じなかったようである。今日，人生最早期の母親への怒りや償いなどの対象関係が重視されていることを思うと，卓見であったとも言えよう。

このように仏教的素養をもってとくに親鸞に私淑していた古澤は，フロイトに私淑する一方で，治療者の暖かい「根源的な逆陽性転移」，つまり母親の慈悲によって罪悪感がとかされるという考えを治療理念として持っていた。これ

は，治療者の慈悲のこころであり，今日の「償い」「抱えること」「コンテイニング」などにもつながるものかもしれない。

一方で小此木（1979）は，古澤のこの阿闍世コンプレックスの問題をさらに分析し，洗練し，とくに母親への生まれる以前からの，つまり母親のエゴイズムへの恨み（未生怨）を重視した新たな阿闍世論を提出した。これは臨床的にも意義のある提言として，そののち外国でも取り上げられている。

2. 土居健郎の「甘え」理論

土居（1971）は，日本での精神分析の体験から，「甘え」に注目していたが，アメリカ留学中に，欧米には「甘え」という言葉がないことに気づいた。

「甘え」は，loveと違って，それだけでは「性」をふくまない独特な愛情関係である。これは日本人の依頼心を示すもので，相手との一体感を求めるものである。日本の社会は，甘えの構造の上に成り立っていて，健常者は甘えが享受できるが，病者は甘えたくても甘えられないでいる。したがって土居は，治療において，「甘えたくても甘えられない」ことを自覚させ，そこから自立していくことの意義を説いていた。

この甘えに近いものとして，バリントの「受身的対象愛」や「一次愛」があるにしても，土居は「欧米の言葉は，能動と受動の二種類の対象愛を区別できない点で貧弱である」と述べている。つまり，「甘える」と「甘えられる」の相互関係というのは興味深いもので，この甘え論は世界の多くの臨床家の共感を得るようになった。

この甘え論は，さらに『表と裏』（1985），『甘えの周辺』（1987）などとして，日本文化論としても展開され，広く知られるようになった。一時期には，臨床的にも広く「甘え」という言葉が乱用されて，その概念が拡散されるという弊害も生んだりした。これは今日の乳幼児研究で，マーラーらのいう母子共生関係，ボウルビー（J. Bowlby）の「愛着行動」，エムディ（R.N. Emde）の「情緒的応答性」，スターン（D.B. Stern）の「間情動性」などの研究で，さらにこまかく観察されたりしている。

3. 西園昌久の「依存的薬物精神療法」

西園（1961）は学会創立当時には，フロイトのエディプス・コンプレックスが重視されていたのに対して，臨床経験から口愛期における母子の対象関係に

着目していた。そこで，レボメプロマジン投与によって不安の防衛の身体的条件の緩和をはかり，同時に精神分析的面接と看護による新たな臨床体験を報告した。これは人生早期の対象関係を重視した治療で，そのユニークな技法が注目された。

それは重症の強迫神経症，慢性心気症，心身症，慢性うつ病，それに境界例など，一般の精神分析や精神療法では治療が困難であった症例に用いられ，それなりの効果を生んだものである。そこでは退行が深まるにつれて，本人の発達段階がつぎつぎに明確に出現し，とくに原初的な対象関係が復活してくると，すがりつき，よりかかり，しがみつくという依存状態まで現れてくるので，そこに母親的・保護的な看護がなされているのが印象的であった。

ただこの治療は，分析者と看護師との緊密なチームワークを必要とし，ほぼ4カ月を要するという大がかりな治療であったため，その後追試されなかったのは残念であるが，ユニークな技法として特記しておきたい。

4. 北山修の「見るなの禁止」

北山（1985）は，古事記の「イザナキ・イザナミ神話」や，「鶴女房」（「夕鶴」）などの異類婚姻説話を分析し，母子関係で子どもの幻滅を防衛する「見るなの禁止」というタブーを提唱した。それは別れ話（対象との分離）という悲劇を生むし，見られた側には「恥」（時には不安）の問題も生じる。これは子どもが父親と母親をめぐる三角関係によるエディプスレベルでの（近親姦の）タブーとは異なったものである。

子どもは成長するにつれて，母子の幻想的一体感は崩れて，理想化された母親への幻滅が生じるものなので，この見るなの禁止はいずれ破られてくるものである。それがあまりにも早期に（また急激に），母親の現実の姿と理想化されたイメージとの二面性に直面すると，正視できない（見ておれない）ものとなる。それでこの禁止によって，子どもに「見にくい（醜い）」ものを与えないようにするための一時的なタブーである。母親の現実や幻想というのは，いずれ時間がくれば，少しずつ「ほどよく」破られてくるものなので，それまでの中間領域が必要であろうという提言である。これは精神分析の治療においても，ほどほどに時間をかけて行うことの意義にもつながるという。

この幻滅論は，そののちの浮世絵の研究で，母子二人が「はかないもの」を眺めるという『共視論』へと続き，母子の絆の問題へと展開されている。

5. 小此木啓吾の「治療構造論」

　小此木（1964）は自由連想法の研究から，治療者 - 患者の間に見られるさまざまな体験や表現は，そこでの治療構造のもとで生じているものと考えた。つまり治療構造を明確にしておかないと，相手を理解したり，その後を予測したりする手掛かりが得られない。そこで治療構造を構成している外的，内的なさまざまな要因を明確化した。

　この治療構造論が明確に提示されたことは，精神分析治療や精神療法を客観化したり，考察してゆく上で大いに役立つことになったものである。

6. 週1回の精神療法

　1994（平6）年の，いわゆる「アムステルダム・ショック」について述べてきたが，国際学会の基準では，週4回以上の自由連想法（「毎日分析」ともいう）を行うのが「精神分析」である。しかしわが国では，古澤以来，週1,2回というのが慣習とされてきていた。そして寝椅子を用いない対面法などの場合は，「簡易分析」とも呼ばれていた。

　もちろん週1回の面接では，精神分析での軸となる転移の起き方は，精神分析とはかなり違っているもので，とくにプロの精神分析家をめざす初心者は，訓練のために毎日分析を受けたり，行ったりすることは，必須なものといえる。

　精神分析においても，「パラメーター」といって，相手の状態に合わせて一時的に，その頻度や時間などを柔軟に変えることはある。しかしそれは，わが国での週1,2回の「精神分析的精神療法」とは違っている。

　この週1回という方法が精神分析として，わが国でいつの間にか普及してきていて，それなりの効果も上げてきたという実績には，歴史がある。現に，精神分析学会での参加者のほとんどは，週1回の精神分析療法を，精神分析的精神分析療法として行っている。

　北山修（2017）は，これは「国際性の水際における二重性である」という。つまり外国には週1回の分析はないので，そこに日本独自の技法としての独創性があるとみてもいいのではないかという。現に，精神分析を行う協会と，もっと幅の広い分析的な学会とが，同心円の形で二重構造になっているのも日本だけである。これは日本人やその社会に，「本音とタテマエ」「オモテと裏」という二重性があることとも関係しているという。日本の現況では，毎日分析というのは患者にとっても分析家にとっても時間的に無理があり，とくに患者には

経済的な無理もある。

　こうした日本独自の「週1回の精神分析的面接」を，精神分析との関係でどのように考えるといいのかについては，現在，学会でも取り上げられている大きなテーマでもある。

おわりに

　日本の精神分析は，フロイトの精神分析の移入にはじまり，その後の展開についても外国から一歩遅れながら諸学派を導入しながら，発展してきた。それにしても一党一派に片寄らないで，各学派の間での激しい論争もなく，それぞれ平等に移入しては，たがいに棲み分けながら共生してきたというのは，いかにも日本的な現象であったと言えよう。これも歴史的に，外国の諸文化を取り入れて順化するのを得意としてきた日本の伝統によるものであろう。

　そして今日，各学派のカリスマ的存在であったフロイト，クライン，コフートらの学説は，その継承者たちによって理論や技法がさらに洗練され，ポスト・フロイト，ポスト・クライン，ポスト・コフート派など呼ばれる立場が入り乱れて，百花繚乱の様相を呈している。ウィニコットらの中間学派の技法などは，目立たない形で多くの分析家たちに浸透しているようでもある。

　そして一方では，国際交流がますます盛んとなってきていて，アジアでは日本が一応は精神分析の先進国という立場にあって，中国，韓国，インドなどの分析家との交流も増えてきている。

　今日の状況のもとで，これからの精神分析がどれだけ精神医学や心理臨床の領域で発展し定着できるのか，今後の大きな問題である。

文　献

土居健郎（1971）甘えの構造．弘文堂．
岩崎徹也（1975）入院場面における精神療法と秘密保持について．精神分析研究，19(5).
北山修（2001）幻滅論．みすず書房．
北山修編著（2011）フロイトと日本人―往復書簡と精神分析への抵抗．岩崎学術出版社．
北山修（2017）週一回精神療法―日本人の抵抗として．（北山修監修／高野晶編著）週一回サイコセラピー序説―精神分析からの贈り物．創元社．

前田重治（2008）図説・精神分析を学ぶ．誠信書房．
妙木浩之・安斉順子（2004）草創期における日本の精神分析．精神分析研究, 48（増刊）．
西見奈子（2016）戦前の日本の精神分析についての歴史的研究―矢部八重吉による IPA 日本支部を巡って．精神分析研究, 60(4)；484-502.
西園昌久（1967）薬物精神療法．医学書院．
西園昌久（2010）日本と世界の精神分析．2010 年度福岡精神分析セミナー講義レジュメ．
日本精神分析学会（2017）日本精神分析学会第 62 回大会抄録集；5-16.
小此木啓吾（1990）治療構造論．小此木啓吾・成瀬悟策・福島章編）臨床心理学大系 7．金子書房．
小此木啓吾（2001）日本精神分析学会―その歴史と現況．最新精神医学, 6(3)；489-497.
小此木啓吾・北山修編（2001）阿闍世コンプレックス．創元社．
佐藤達也（2004）日本における心理学の受容と展開．北大路書店．

第5講
無意識の発見

鈴木智美

I　はじめに

　精神分析の基盤には，自分では意識しにくく，見えにくく，考えられない無意識という心の領域があり，それらが人の言動の多くを決定しているという考えがある。その無意識はどこに存在するのだろうか。客観的な研究としての伝統的な心理学の分野では，無意識の心的活動を認めていない。実際，無意識というのはひとつの概念，仮定にすぎない。フロイト（S. Freud）は「意識の所与は，甚だしく隙間の多いものであるから，この仮定は必要である」と述べている。そして，「心的行為がしばしば現れることについて，意識を通して経験していなくてはならないという考えを維持しようとすると，それらは連関を欠いた理解できないものになる。そこに推論した無意識の行為を挿入するならば証示可能な連関のうちに秩序づけられる」としている。精神分析は，この仮説としての無意識の存在を認めた上で成り立っており，その無意識を扱う学問であり，臨床である。無意識が人の心を動かすという発見は，それまでの理性中心の人間観をゆるがすコペルニクス的なものと言われた。本講ではその無意識をフロイトがどのように理論的に整理したのか，フロイト以降その概念はどのように変貌を遂げたのかについてみていくことにする。

II　フロイトが無意識という概念を見出すまで

　そもそも無意識という概念は，フロイトが発見したものではない。自分自身に対する盲目さということは，詩的な形でしばしば表現されてきている。また，哲学の領域では，17世紀には，すでにラ・ロシュフコー（La. Rochefoucauld）が，高尚な動機の背後に意識されぬ利己心の存在を説いている。ライプニッツ

（G.W. Leibniz）も，意識にのぼらない表象について述べており，ドイツロマン派においては，夢や狂気の中で，無意識の本能的活動が露呈されるとしている。19世紀には，ニーチェ（F.W. Nietzsche）が人間の意識的な動機と人間を動かしている真の意識されぬ動機との違いを主張しており，ショウペンハウエル（A. Schopenhauer）の著作においても本能衝動と本能領域の考えが示されている。心理学者ヘルベルト（J.F. Herbert）の学説には，心的葛藤や無意識，抑圧という概念が見られる。

　精神医学の歴史では，16世紀に，メスメル（F.A. Mesmer）が動物磁気説を主張していた。彼は，パケという小箱と杖からなる奇妙な仕掛けを作り，これらを振り回すことで，個人や集団が，笑ったり泣いたり，身体をけいれん様によじったり，意識変容を起こすという現象を作り出し，これによってある種の病気が治ると称した。そして，無意識の概念を，夢・夢遊状態，精神病の一側面の観点から発展させた。後には，無意識がすべての人の生活や意識的行為において，時として決定的な役割を演ずるとした。実際に彼の治療によって，ウィーンの王室から寵愛されていた音楽家の失明が治ったこともあって，彼は有名になるが，キリスト教会の基本理念を犯すものであることと，彼の施術が必ずしも有効ではなかったことなどから，そのまま消えていく運命を辿っていった。ただ，実際に彼が作り出した現象は，後の異常心理学研究の課題となり，イギリスのブレイド（J. Braid）はこのメスメルの呈示した現象を催眠現象として記述し，19世紀後半には，催眠研究がさかんになっていくことになる。

　フランスのシャルコー（J.M. Charcot）は，この催眠を用いて，ヒステリーの研究をした。「シャルコーの女優たち」と騒がれるほど，彼のヒステリー患者は，催眠状態で彼の指示通り自由自在な姿態をとることができた。そして，その弟子であるジャネ（P. Janet）は「ヒステリー症状は，ふつうの意識から別の意識状態が解離して生じるもので，その状態は無意識と呼ぶにふさわしい」と主張した。ジャネのいう「無意識」は，意識の影響から分離して自動的となり，ただ気がつかないという意味で用いられている。写真の中央にいる人がシャルコーで，「神経症のナポレオン」と言われ，カリスマ的な人だったと言われている。彼は，天才的ではあったが，興行師的でもあり，デモンストレーション的にヒステリー患者に催眠をかけ，患者がトランス状態から醒めたときに四肢が麻痺していると暗示をかけることができたし，症状を催眠暗示によって取り除くこともできた。こうした実演を通して，ヒステリー症状が心理的なもので

写真　アンドレ・ブルイエ『シャルコーの臨床医学講義』(1887)

あること，しかも意識を伴わない心理であることが明らかになった。シャルコーは，催眠によって，外傷的な出来事に関連した情緒や出来事が意識から消えると語っていた。

　ところで，フロイトと交流のあったブロイエル（J. Breuer）は，内科医だったが，彼のヒステリー患者のアンナ・Oとの治療において，催眠を用いて話をしていると，患者が日ごろ気づいていない苦痛なことを思い出し，その時，感情の発散が同時になされ，その後症状が改善されるということを体験した。アンナ・Oというのは，1895年にフロイトとブロイエルが書いた「ヒステリー研究」の有名な一症例である。彼女との治療において，次第に催眠なしでも話しをすることで，忘れた記憶が現れてこころが晴れやかになっていったことから，アンナ・O自身が「煙突掃除」と呼んで，この治療を「談話療法・カタルシス」と名づけた。後に，フロイトによって，この忘れた記憶の想起というのが，無意識という概念や自由連想につながっていくことになる。

　一方，フランスのナンシーでは，ベルネーム（H. Bernheim）とその学派が，後催眠性暗示という研究をしていた。催眠に誘導してある暗示を与える。例えば「あなたは催眠から覚醒して30分後に，この実験室を四つん這いになって歩く。しかし，今こうして暗示されていることは覚えていない」。すると，覚醒した被験者は，実際に決められた時間になるとそわそわし始め，何かを探す仕草をして四つん這いになり，小銭を無くしたとか言い訳しながら実験室を一周する。ナンシーでフロイトは，こうした実験を見，無意識的な心が存在していること，無意識にもとづいた行動にその状況にふさわしいような偽りの動機

を作り出すこと，すなわち，意識的精神は無意識的な心をカモフラージュすることを学んだ。

Ⅲ　フロイトの無意識

　無意識という概念は，このようにフロイト以前にも存在していたのだが，フロイトはこれらの背景と自身の経験から，無意識という概念，仮説を想定した。そして，心的生活における無意識の役割を探求した。

　フロイトが定義した無意識というのはどんなものだろうか。年代を追って見てみよう。

　シャルコーの元への留学やベルネームの実験から，フロイトは「無意識」に興味を持ってヒステリー現象を考えるようになった。すると，ブロイエルのアンナ・Oがカタルシスと言ったことがらの重要性が見えてきた。そこから「意識されない意識」とかかわる心的領域の仮説を提唱した。

　フロイトが無意識という用語を著作で初めて用いたのは 1893-94 年の「症例エミー・フォン・N夫人の報告」の脚注においてである。その後「ヒステリー研究」(1895) で，アンナ・Oをはじめ，フロイト自身の四症例を詳細に報告しつつ，無意識についての考察を深め，「夢判断」(1900) で無意識の概念が確立された。

　フロイトの無意識は，氷山の表面として意識と連続的につながっている（図1）。意識に表れているのは，氷山の一角にすぎない。この考えは，局所論として提示されているが，私たちが意識的に何かを考え，行っているのは，心のほんの一部分ということになる。その根底には，意識されていることの何十倍・何百倍にもなる無意識が存在する。無意識には，抑圧によってその心的内容が押し込められているため，この抑圧を除去する特定の操作によって，意識化することが可能となる。普段は決して意識することができない部分である。無意識が意識に上るときは，検閲という操作，意識に上らせても安全かどうかという検討がなされ，それによって変形されて，無意識の派生物として意識に表れることになる。例えば，ある摂食障害の女の子は，白米が食べられずにいたが，その子の白米からの連想は，美味しくて大好きなもので，そのイメージは甘くてお腹を満たしてくれるもの，エネルギーになるものであるが，一方で肥るものでもあった。そして，この連想から，彼女はさらに母親を思い浮かべた。大好

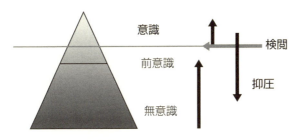

図1　無意識はどこに存在するのだろう？

きだけど，拒否したいもの，食べたいけど食べてはいけないものとして，母親との関連性が語られた。意識的には白米，無意識的には母親という構図である。検閲によって母親が白米に変形されていると言える。

　無意識という仮説によって，心の病理理解が可能となり，日常生活上の非合理的な事柄を説明することができる。ただ，時代としては，無意識などという怪しいものは受け入れ難く，学問的には無視されたり冷遇されたりした。そこでフロイトは，無意識というものを，一般に知らしめるために，1901年に「日常生活の精神病理」を著した。

　この「日常生活の精神病理」では，夢のメカニズムを説明し，度忘れ，言い間違い，症状行為，思い違い，冗談，小説や詩，演劇といった分野に無意識が表出されていることを例証している。この本では，「実例を集めることによって，心的過程の中には，無意識ではあるが大きな力を持ったものがあるという，われわれには避けることのできない仮説を，理解しやすくすることだけが目的である」と述べられている。無意識の病理がヒステリーの専売特許ではなく，一般の人の日常生活に見られる些細な事柄にも表れていて，無意識の欲望をそのまま表すと危険なので，形を変えて表現されているのだということが，フロイト自身のものも含めて300あまりの例を挙げることで示されている。

　まず，日常生活における失錯行為は，夢と同様なのだと述べている。言い間違いや，思う通りにできないこと，度忘れ，忘れ物，やり間違い，といった例が挙げられ，失錯行為にはコミュニケーション機能があるということも述べている。ある教授の就任講義で「前任の先生のご功績について，私には述べる資格がありません」と言おうとして「述べる気持ちはありません」と言った例は，苦笑いせざるを得ない。このように，フロイト以前では，単に偶然の行動とし

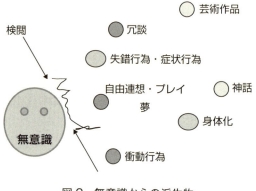

図2　無意識からの派生物

て片付けられていた現象が，無意識的願望や感情が変形（妥協）され隠された心理的に意味のあるものとして考えることができることを示した。

　無意識の世界に存在する内容物は，検閲によって変形を受けた派生物として意識に現れる。図2は，私なりにこれらを図にしたものである。

　さて，フロイトは，心的局所論の考えを1895年の「科学的心理学草稿」に表し，この局所論から出発して，力動的次元，経済論的機能へとその考えを発展させていく。1912年の「精神分析における無意識の概念に関する二，三の覚書」では，無意識という用語を記述的・局所的・力動的の三つの用い方をしている。

その1．記述的用い方

　こころの現象学としての記述的なもので，意識しないで行われる事象や行動を表す。「無意識に爪を噛んでいる」とか「車を無意識に避けた」といった場合で，意識にない，非意識という意味として用いている。

その2．局所論的な用い方

　局所論という用語は，空間的なモデルを意味している。フロイトによれば，無意識は生活にあらゆる影響を与えているにもかかわらず，ただそれ自体は意識されないような心的過程を指す。そこには，抑圧という機制が働いて，簡単には意識化されないようになっている。意識に上ろうとする願望の力とその願望を抑圧しておこうとする力動的な葛藤がそこにある。抑圧というのは防衛機制の一つで，苦痛な感情や欲動，記憶を意識から無意識領域へと押し込めるこ

とを言う。

　無意識的な思考，感情，願望は，心の基盤を形作っており，意識的な経験はその一部に過ぎない。定義によれば，無意識的思考を知ることは不可能で，それによって生じる効果から推測するしかない。これはある意味，大きな影響を持ちながらも目には見えない重力と似ていると考えるとよいかもしれない。

　無意識領域は，原始的な願望や衝動で満たされた「大釜」のような容器で，意識にとって何が有用で受け入れられるかという選択と処理が行われている前意識的な領域または機能によって食い止められ媒介されているととらえることができる。

その3．力動的な用い方

　無意識領域には本能衝動が含まれ，そこに，個体発生的リビドーがある。リビドーというのは，心のエネルギーを言い，エネルギーの移動を説明するために用いた概念である。例えば，一つの身体領域から他の身体領域へ――口から肛門へ，そして性器へ――といった流れがある。また，その系統発生的な起源として，「心理的形成物」がある。これをフロイトは動物の本能に似たものとして述べているが，食欲，睡眠欲，性欲などを指す。この本能衝動は，快感原則に従う一次過程と呼ばれ，無時間的・無道徳的である。快感原則というのは，快-不快をものさしとして行動が決定されることをいう。食べたいと思ったらTPOを考えずに食べるといったように，今すぐその欲求を満たそうとするあり方であり，現実性や理論性を欠いている。それは，欲動エネルギーすなわちリビドーの緊張亢奮量が高まっている状態から解放される心的過程であり，一次過程，すなわち欲動が高まるとかつてその欲動が実際に満たされた充足体験，すなわち快の記憶痕跡に基づいて，そのような充足体験＝快と結びついた表象を空想や錯覚の形で再生する。これは，夢や神経症の症状を形成する根源的な心理過程である。例えば，赤ん坊がおっぱいが与えられ満足した体験にもとづいて，お腹が空いた時に即座に親指をしゃぶり，お母さんのおっぱいを吸っている空想で充足しようとするあり方をイメージするとよいだろう。通常は，心的組織の発達が進むにつれて，外界との現実関係を考慮して，現実の変化を起こすことによる欲動の満足の方法が獲得されていき，現実原則に基づく二次過程が成立していく。二次過程においては，覚醒思考，注意，判断，推論，予測をもった行動などの心的機能を営み，思考相互間の一貫性を追及し，適応を目

的とする。欲動の発生とともに現実検討がなされ，さてはてどうするかともちこたえて，現実に即した行動にいたるということになる。苦痛の場合も適応的にこの苦痛を軽減する行為をするという具合になる。ところが，無意識世界では，快感の原則に支配されているので，即座に快を追及し，不快は迫害的なものに満ちたものとして体験される。この考えは，リビドーの組織化の段階という概念，アブラハムが貢献した概念を得ることにつながっていく。

　しかし，フロイトは，無意識を「抑圧されたもの」だけではなく，さらに多くの精神活動を含むものであるとの考えにいたるようになる。そして，防衛機制の理論へと拡大し，1915年「無意識について」で，組織的な概念づけが試みられることになる。
　その論文では，無意識という概念・仮説の導入についての説明を展開している。抑圧は，意識に上ることを妨げる目的で生じるので，もともとその表象は「無意識」のうちに存在していることになる。無意識は，意識への転化や翻訳を経過した後にしか知ることはできない。すなわち無意識そのものを認知することはできない。無意識は，意識過程だけを見ていては解けない現象があるために建てられた仮説ととらえる。精神分析作業の中で，被分析者が抵抗を克服し，錯誤行為や夢，症状，強迫現象，思いつきなどから探索していくことで，無意識を知ることが可能になる。そこで，この無意識という領域を踏まえた心理学を，メタ心理学とフロイトは名づけた。この無意識においては，矛盾を感じることもなく，時間的な系列もなく，過去が今に生きているので，転移という現象や蒼古的な対象関係のつながりにもなっていく。
　ところが，局所論モデルでは，性的本能の抑圧を可能にする本能はどこにあるのか，罪悪感を抱くのはどうしてか，気づいていない衝動を意識はどのように統制するのかといった問いに応えることができない。そのことから，フロイトは1920年から1923年にわたって理論上の手直しを行い，欲動についての初期の理論を検討して，エス，自我，超自我を定義（「自我とエス」1923）した。そして無意識は超自我ともかかわりを持つものと考えた。そこで，パーソナリティにおける構造的要素を提示し，ここに新たな無意識の次元が描かれることになった。
　それが，構造論である（図3）。
　自我というのは，自分が自分（私）だと思っているような意識的な部分もあ

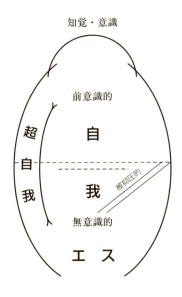

図3　構造論

るが，無意識的な部分もある。防衛――抑圧，否認，投影など――を行うのは，この自我の無意識的な部分である。自我は，こうしてうまく折り合いをつけるための手段を講じる役割を担っている。

　超自我は，心の中に内在化された良心であり，自我が社会的規範に従っているかどうかを監視する役目をする。意識的なものも無意識的なものもある。超自我があまりに厳しいと，自我部分を圧倒してしまうことになる。

　エス（イド）は，無意識的な欲動の源泉である。リビドーの貯蔵庫であり，快感原則に従っている。生理的な刺激が心理的な働きに変換されるプロセスが含まれている。例えば，性欲動はホルモンの分泌という生化学的な刺激だが，その刺激により性的な感情興奮が生まれるといったことである。図3でエスの下の部分が開いているのは，このような生理的なエネルギーが取り込まれるためである。

　そして，そこに経済論的な考えを導入し，こうした構造をもった心をエネルギーの量的な観点から強い，弱いという見方をした（図4）。全体のエネルギー量は一定である。つまりひとつの領域が強くなると，他の領域の力は弱くなることになる。エスが強いと，衝動的，感情的，幼児的な行動をとる性格となり，

第5講　無意識の発見　97

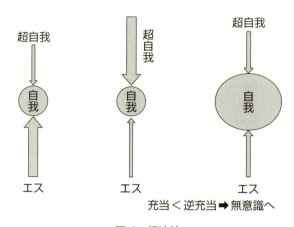

図4　経済論
前田重治（1985）『図説 臨床精神分析学』誠信書房より

　超自我が強いと，良心的，自己懲罰的，抑圧的で，理想主義的，完全欲的な行動をとる性格になる。自我が強い場合は，理性的，合理的，現実主義的な行動をとる性格となる。

　エネルギーが特定の対象に向かって流れ，そこに集中したり，溜まってきたりすることを充当（備給，カセクシス）と言い，外界の対象に向かうことを，対象充当，自己に向かうことを自我充当と言う。充当に対して逆の力が働くことを逆充当という。充当より逆充当が大きければ抑圧され，無意識へと閉じ込められる。充当が大きければ意識化され，行動化や言語化がなされる。そしてリビドーが向けられた対象に対しての，緊張や興奮，興味といったものが強く生じる。

　局所論と経済論を踏まえた上で，相互の力の力動的な作用として，精神活動をみていく考え方がここに示された。夢も症状も連想も，すべてこれらの無意識的な結果として生じていると考える。この作用を現実的に執行しているのは，自我の働きとなる。

　フロイトの功績は，無意識という概念に欲動や空想，無意識の記憶といった内容を盛り込んで，その力動的な性格を明らかにした点にある。フロイトが，どんな空想にもリビドー価があることを見出し，無意識の構造と力動を明らかにし，無意識が過去や現在の情動の大部分が貯えられている「貯蔵庫」であると示したことで，無意識は科学的な接近の可能な対象となったと言える。

Ⅳ　フロイト以降の無意識の理解

　無意識の概念は，現在まで比較的変化することなく残っている。しかし，この無意識世界には，長期記憶や痕跡記憶からなる過去の体験や早期対象関係（無意識的空想を形成する），個人的なもの以外にも普遍的なものも含まれると考えられるようになっている（図5）。

　クライン（M. Klein）は，子どもの日常である遊びに無意識が反映されているととらえ，プレイアナリシスにおいて自身の理論を発展させた。あらゆる感覚や経験がアミニズム的で関係性に富んだ形で表現されるという考えを導入した。そして，より早期の対象関係が無意識的空想として存在していることを理論化した。また，心的生活におけるポジション概念を発展させた。心的生活においての妄想－分裂ポジション，抑うつポジション，投影同一化という概念は，乳児の無意識的世界を表すものである。アイザックス（S. Issacs）は，ある身体的感覚は，それを引き起こす対象との心的経験を伴うことを述べており，無意識的空想は，対象関係が活動していることを意味する。すなわち，無意識は，対象との関係として理解される感覚によって構成されている。例えば，乳児はわけのわからない恐怖に満ちた苦痛を抱えているのを，母親に向けて排泄する。母親はその排泄物をもの想い（何で泣いているのかなぁと思いめぐらす）して，お腹が空いているのねと理解し，言葉にして返し（これを，ビオン（W.R.

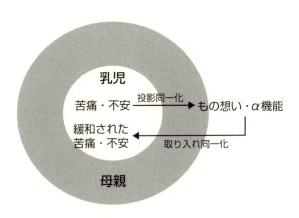

図5　無意識の内容に関与する早期対象関係（クライン・ビオンの母子関係理論）

Bion）は a 機能と言っている），そして乳児に話しかけながら授乳をする。この時，最初の乳児の恐怖・苦痛は，特定の概念で言葉にされ，和らいだものとして取り入れられることになる。この母親と乳児の関係，おっぱいと乳児の関係といったほうがよりいいのかもしれないが，それが早期対象関係だが，適切なときはこのように和らいだ恐怖として心に戻されて，耐えられるものとして心にとどめ置かれるようになる。しかし，適切な対象関係が必ずしも築けるとは限らないために，早期の関係性は，妄想－分裂といった迫害的な無意識的世界観（無意識的空想）に留まることもある。この無意識的な空想は，大人になっても私たちの心的なあり方を決定することになる。こうした空想が無意識には住みついている。

ユング（C.G. Jung）は，神話や伝承の中に無意識的現象があるとの見解から，集団的無意識という理論を発展させた。また，ラカン（J.M.E. Lacan）は，無意識は言語として構造化されているもので，穴のあいた現実界という意味において，現実的なものだとしている。

サンドラー（J. Sandler）とサンドラー（A.M. Sandler）は，局所論モデルを復活させて「過去の無意識」と「現在の無意識」に言及している。過去の無意識は「内なる子ども」として修正されない形で現在に留まり，現在の意識的決定に強い役割を担っていると述べている。

コフート（H. Kohut）は，自我心理学を実践していた時に，一次過程の無意識内容が二次過程の思考や感情，欲求に転写されることが転移という現象だと，転移形成につなげて無意識について述べている。

マテブランコ（I. Matte-Blanco）は，数学的思考を用いて無意識の思考を著し，無限次元の構造として無意識を詳述している。そこにおいては，論理的に違いがあるものや，部分と全体を同じものとして捉える対称性の原理があると述べた。

近年では，脳科学が発達し，無意識や記憶といったものが脳の海馬に関するであろうことや，さらに右脳左脳の働きの違いや，ニューロンの結合の問題などが挙げられている。

V 臨床場面で見る

臨床にて無意識について見ていくことが精神分析と呼ばれるが，実際の臨床

場面では，どこに現れるのだろうか。

　もちろん，患者／クライエントの語る夢（第6講）や行為において理解することもできるが，まずは，語られている内容そのものが，どのような無意識を表しているのかを見ていく必要があるだろう。その人の主観的な感じ方や受け取り方として聴き，心的現実として聴いてみる。ボラス（C. Bollas）は「その瞬間，瞬間に無意識が活動している。意識的に考える以前になぜその特定のテーマを選択するのか」ということを問うている。またそれの，転移としての意味を理解することも重要だろう。

　また，ワーっと語るのか，しんみり語るのか，流暢なのか，声のトーンは湿っているのか，乾いているのかといったことに現れる。

　あるヒステリーの患者は，NHKのアナウンサーがニュースを読むように，落ち着いた話し方をしていた。しかしそれは，ここでのコミュニケーションを避けるために使われていたということが徐々に判明していった。

　別のパーソナリティ障害の女性は，大きな声でワーッと口角泡を飛ばし，吐き出すように喋っていた。介入の余地のないそれは，取り入れをしないためのものだった。

　あるスキゾイドの患者は，ささやくような小さな声で話し，長く沈黙をするのが常であったが，その意味を探索する中で，かかわりを持たれることへの抵抗であったことが理解されるようになった。

　主語が抜け落ちるとか，必ず反論するとか，その人特有の話し方といった形式・形態にも現れる。主語が抜ける時には，自他をあいまいにしてしまう自己愛の問題や，隔離（isolation）という防衛を使っている可能性が考えられ，その話し方の特徴は，無意識的なその人のあり方を示している。

　無意識は，治療者にわきおこる感覚の中にも見てとれる。それは，投影という機制ゆえに生じるものだが，例えば，眠気とか，落ち着かなさとかなどがある。患者／クライエントが，まったくコミュニケートしてこないような時，情緒内容を吐き出すために面接を使用していたり，表面的な事柄しか語られなかったりする時には，話していても通じ合えないために，眠気が生じやすい。治療者の心に湧き起こってくる「この落ち着かなさはなんだろう」，「この寂しい感覚はなんだろう」，あるいは，「こんなに悲しいはずの話をしているのに，心が動

かされないのはどうしてだろう」などの感覚や考えをとっかかりにする聴き方をすることで，患者／クライエントの無意識を見ることができる。これは，広い意味での逆転移と呼ばれるもので，治療者自身の問題を検討した上で，患者／クライエントから投影されたものと捉えられる可能性を見，その無意識の文脈は何かを読み取る。

同様に，無意識はジョセフ（B. Joseph）が注目した全体状況（total situation）と言われる中でも見ることができる。それは，転移の今ここでの再現に注目して，その再現を単に言語内容に限局しないで，発語や口調を含めたふるまいを実演として理解し，非言語的性質を分析家との相互関係で吟味し取り上げていく。話を聴くことは，言語内容だけではなく，そこに漂うものすべてに対して，治療者側がビオンの言うもの想い（reverie）を動因して聴いていくことである。

こうして，治療者が無意識の世界における意味を読み，介入をすることによって，無意識的な内容が意識化されることになる。フロイトは，「治療は，そうした影響力を及ぼすということが，たとえ困難は伴っても，不可能ではないことを示している」と述べている。無意識系と意識系という二つの系の橋渡しをしている無意識の派生物——夢，症状，行為，言い間違い——が，この作業への道筋をつけることになる。

では，無意識における文脈を読むための治療的態度とはどんなものだろうか。無意識の派生物に目を向ける感受性を高めるためには，どのような聴き方をしたらいいのであろうか。まったく逆説的なことだが，フロイトは「自由に（平等に）漂う注意」と述べている。「肝心なことは，ただ何事にも特別な注意を向けることをせず，聴き取られる一切の事柄に対して，差別なく平等に漂わされる注意を向けるだけのことである」。自由平等に漂わせて注意が払えるはずもないのだが，一つの状態や言葉にとらわれずに聴く姿勢を示唆しているのだと考えればよい。ある理論にとらわれて話を聞いてしまうと，それしか見えなくなってしまう。土居は，「わからない」を大切にと言っている。わからないと感じ，それを聞き取ろう，理解しようとすることになろう。わかったと思うと，そこにとらわれてしまって，患者／クライエントが語っていることに沿わずに，治療者の理解に沿った聴き方しかできなくなるからであろう。ビオンは，「記憶なく，欲望なく，理解なく」と言っている。まっさらな心で話を聴きなさい，前提なしに聴きなさいということであろう。その人固有の無意識世界の

様相は，記憶しておくのではなく，治療者の中にいったん沈めて前意識の中に入れ，この人を治そうとか，理解しようとかといった欲望は捨て，わかろうと躍起にならない姿勢で，その人の現在(いま)の語りを聴くといったことになる。また，前田は，「無注意の注意」（ぼんやりと漂っている意識状態で耳を傾ける）ということを言っている。ところで私は，映像を見るように話を聴いている。聴きながら，その映像をイメージすると，その場の空気や色や登場人物の表情や，しぐさなどが見えてくるので，自然とそこに流れている情緒が何かが浮かび上がってくる。その情緒が無意識のありようを表しているのではないかと思う。

いずれにしても，スーパーバイザーから教わった事柄にしがみついて患者／クライエントの話を聞くというやり方では，その場での患者／クライエントの無意識的な思考は読み取れないことを知っておく必要があるだろう。スーパービジョンは必要だが，それは後知恵的なもので，面接のその場面で向き合うべきは，患者／クライエントその人である。

私は，ひとつのセッションにはある一つの無意識のテーマが流れていると考えている（図6）。そのテーマは，その人の無意識の空想，すなわち早期対象関係が関与した空想から生じるものだと考える。その空想世界は，原始的防衛を使用する世界である。その人の乳児の頃の不安や苦痛がどんなものであったか，母親との間でどんな関係性が生じていたかなどは，治療者側におのずと浮かんでくる感覚によって知ることができるであろう。

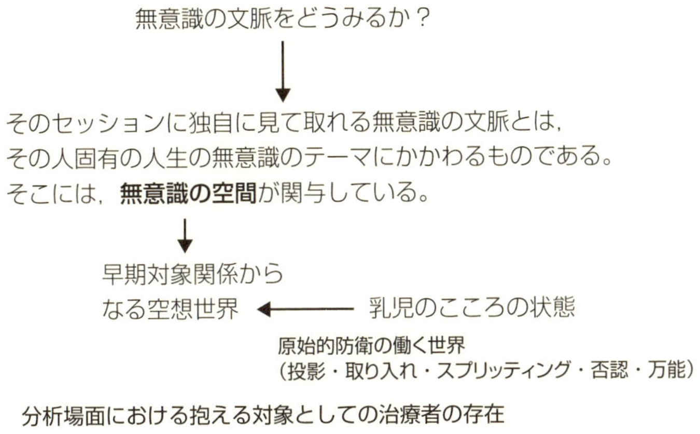

無意識の文脈をどうみるか？
↓
そのセッションに独自に見て取れる無意識の文脈とは，
その人固有の人生の無意識のテーマにかかわるものである。
そこには，**無意識の空間**が関与している。
↓
早期対象関係から
なる空想世界 ← 乳児のこころの状態
原始的防衛の働く世界
（投影・取り入れ・スプリッティング・否認・万能）

分析場面における抱える対象としての治療者の存在

図6　無意識のテーマ

図7は，メニンガーの三角形である。自由連想が進んでいるときには，原則として，話題が，現実状況から分析状況，幼児期の体験，現実状況……と連想が時計の逆回り（左回り）しながら進んでいくというもので，無意識の流れはそのように理解されていく。

　そこで，無意識における文脈を読み取る時，または読み取った時，介入はどうしたらいいのか。詳しくは技法論の講義で学べると思うが，明確化と直面化という技法によって，患者／クライエント自身が無意識に目を向けられるようにする。明確化は，本人が充分には気づいていないことに注目させるように仕向ける介入，直面化は，感情や事実に向かい合うように仕向ける介入である。次に，探求がある。クライエント自身が考えられるように，〈どんなことなのでしょう〉と問う介入をする。性急に答えを求めるのではなく，それは何なのか，どんな感じか，どんなことなのか，と心の中での事実を探していくような介入をする。解釈とは，現在（いま），心のなかにある無意識の考えや感情，欲望，空想を治療者が言葉にして伝えることである。「解釈する必要があるのは，事柄自体ではなくて，それに伴っている情緒体験である」とフロム‐ライヒマン（F.F. Reichmann）は言っている。こうした技法によって，面接場面でクライエントの無意識は意識化されていくことになる。

　臨床上，無意識は，無意識そのものとしては扱えないが，患者／クライエントの無意識のなかにある欲動や空想を見立て，その派生物を同定し，抱える環境（母親役割）を提供しながら，それら無意識の情緒体験をより和らいだもの

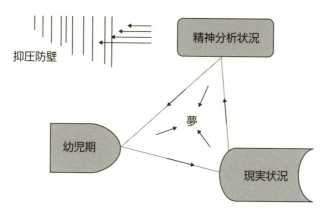

図7　メニンガーの三角形

として患者／クライエントに返していくという作業によって，無意識の空想に支配されていたこころがより自由になっていくのではないかと考える。

VI おわりに

　無意識について語ることは，精神分析そのものを語ることになり，語りつくせるものではないように思う。本講義では，フロイトの思考の歩みに従って無意識概念を紹介したが，たとえば，サンドラーは理論的局面から，無意識を情動－外傷モデル，局所論モデル，構造論モデルとして考察している。無意識という概念は，さまざまな切り口で見ることができる。広大な無意識的世界を探索することは，興味の尽きないことである。そして，治療者が無意識に開かれていることが，何より患者／クライエントの心のあり方を理解するのに役立つことになる。

文　献

Bion. W.R.（1962）A theory of thinking. In Melanie Klein Today, Vol.2.（Ed. E.B. Spollius）. The Institute of Psycho-Analysis.（白峰克彦訳（1993）思索についての理論．（松木邦裕監訳）メラニー・クライントゥデイ③．岩崎学術出版社）

Bion. W.R.（1970）Attention and Interpretation. Tavistock.（福本修・平井正三訳（2002）注意と解釈．精神分析の方法Ⅱ．法政大学出版社）

Bollas, C.（2009）The Infinite Question. Routledge.（館直彦訳（2011）終わりのない質問：臨床における無意識の作業．誠信書房）

Freud. S. & Breuer, J（1893-1895）Studies on Hysteria. SE2.（懸田克躬・吉田正巳訳（1974）ヒステリー研究．フロイト著作集7．人文書院）

Freud. S.（1900）The Interpretation of Dreams. SE4-5.（高橋義孝訳（1968）夢判断．フロイト著作集2．人文書院）

Freud. S.（1901）The Psychopathology of Everyday Life. SE6.（池見酉次郎・高橋義孝訳（1970）日常生活の精神病理学．フロイト著作集4．人文書院）

Freud. S.（1912）A note on the unconscious in psycho-analysis. SE12.（小此木啓吾訳(1970)精神分析における無意識の概念に関する二，三の覚書．フロイト著作集6．人文書院）

Freud. S.（1915）The unconscious. SE14.（井村恒郎訳（1970）無意識について．フロイト著作集6．人文書院）

Freud. S.（1923）The ego and the id. SE19.（小此木啓吾訳（1970）自我とエス．フロイト著作集６．人文書院）

Freud. S.（1933）New introductory lectures on psycho-analysis. SEⅩⅩⅡ.（懸田克躬・高橋義孝訳（1970）精神分析入門（続）．フロイト著作集１．人文書院）

Freud. S.（1940）An outline of psycho-analysis. SE23.（小此木啓吾訳（1983）精神分析概説．フロイト著作集９．人文書院）

Freud. S.（1950）Project for a scientific psychology SE1.（小此木啓吾訳（1974）科学的心理学草稿．フロイト著作集７．人文書院）

Joseph. B.（1985）Transference ; The total situation. In Melanie Klein Today, Vol.2（Ed. E.B. Spollius）The Institute of Psycho-Analysis.（古賀靖彦訳（1993）転移－全体状況．（松木邦裕監訳）メラニー・クライントゥデイ③．岩崎学術出版社）

Jung. C.G.（1935/1954）The Archetypes and the Collective Unconscious. Collected Works 9. Routlegde & Kegan Paul.（林道義訳（1983）元型論．紀伊国屋書店）

Lacan. J.M.E.（1953）Fonction et champ de la parple et du langage en psychanalyse. In. Ecrits. Seuil.（竹内達也訳（1972）精神分析における言語と言語活動の機能と領野．エクリⅠ．弘文堂）

前田重治（1999）「芸」に学ぶ心理面接法―初心者のための心覚え．誠信書房．

前田重治（1985）図説臨床精神分析学．誠信書房．

Matte-Blanco. I.（1988）Thinking, Feeling, and Being.（岡達治訳（2004）無意識の思考―心的世界の基底と臨床の空間．新曜社）

松木邦裕（2015）耳の傾け方―こころの臨床家を目指す人たちへ．岩崎学術出版社．

Ornstein. P.H.（1978）伊藤洸訳（1987）コフート入門―自己の探究．岩崎学術出版社．

Sandler. J. & Sandler. A.M.（1984）The past unconscious, the present unconscious, and interpretation of the transference. Psychoanalytic Inquiry, 4.

第6講

夢と象徴

岡田暁宜

はじめに

　本巻は,精神分析の応用や展開に向けた基礎を論じることを目的にしている。本講の主題である夢や象徴は,精神分析の基本概念であり,今日の精神分析的臨床においても本質的な主題と言える。そこで,本講では,フロイトの夢解釈を中心に,夢臨床の基礎より夢の視点から象徴およびその過程と機能について論じ,精神分析の基礎について示していきたい。

I　フロイト（S. Freud）と「夢解釈」

　精神分析における夢臨床の基礎を学ぶには,フロイトの「夢解釈（The Interpretation of Dreams）」は重要である（Freud, 1900）。夢解釈は,フロイトが43歳（1899年11月）の時に発刊された初めての単著の出版物である。夢解釈には,フロイト自身の夢が多く掲載されており,フロイトの日記や自伝としての意味もある。夢解釈が誕生するまでのフロイトについて辿ってみる。フロイトは,30歳（1886年9月）で結婚し,31歳（1887年）の時に14歳年上のブロイエル（J. Breuer）を介して,2歳年下のベルリンの耳鼻科医フリース（W. Fliess）との交流が始まった。その後,毎年のように,フロイトは知人が他界していくことを経験している。39歳（1895年8月）の時にブロイエルとの共著で「ヒステリー研究」を発表した後,ブロイエルと決別し,40歳の時には,フリースに接近するようになる。その頃,父親ヤコブが他界（1896年10月）し,42歳から夢解釈の執筆を始めて,43歳（1899年11月）に完成している。その後,フロイトは,フリースとの関係が悪くなり,45歳（1901年1月）には文通の中止を提案した。

以上は，我々が精神分析を学ぶ過程で必ず読む，フロイトの「夢解釈」の誕生の背景の一部である。これらの背景を理解することは「夢解釈」という出版物とフロイトという著者を理解する上で重要である。それは精神分析的臨床において，患者が報告する夢を理解する際にどのような状況や文脈において，患者がその夢を見て治療者に語っているのかという理解が重要であることと等しいからである。

　精神分析技法の発展の歴史として，フロイトは，1892年から1898年にかけてのヒステリー治療において，催眠を経て前額法を試みたが，それらを放棄する過程で自由連想法を開発したと言われている。フロイトの「夢解釈」では，自己分析として夢分析が行われており，夢分析において自由連想という方法が用いられている。また1887年から1904年にわたるフリースとの文通によるフロイトの自己分析の試みは，父親ヤコブの死を契機に本格化している。フロイトは「私自身の自己分析の一部であり，また私の父親の死，すなわち一人の人間の一番重要な事件，一番悲しい喪失に対する反応である」と述べているが，自らの夢分析を通じて，父親の死への願望などを自覚することでエディプス・コンプレックスを洞察したといえる。

II　フロイトによる夢形成のメカニズム──夢作業──

　フロイトによる夢形成のメカニズムは，今日の夢臨床の基礎に留まらず，患者の症状や言動の力動的理解の基礎にあると言える。フロイトが考えた夢形成のメカニズムは，潜在夢（latent dream）を顕在夢（manifest dream）へと歪曲させる夢作業（dream work）という視点である（図1）。無意識内容は，夜間の睡眠中に抑圧が減弱することで意識へと向かおうとするが，無意識内容は覚醒中に抑圧されなければならない内容であり，夜間にも超自我による検閲を受ける。そのため最近の出来事や前日の日中残滓（day's residues）を利用して，一次加工（primary revision）（①圧縮 condensation，②置き換え displacement，③象徴化 symbolization）を経て，超自我による検閲を通過し，覚醒時の④二次加工（secondary revision）を経て，顕在夢へと歪曲される。この一次加工と二次加工を合わせて，夢作業という。①圧縮とは，潜在夢における複数の人物や物の要素が選択されて，組み合わされて新たな形象を生成することである。その結果，夢の個々の要素は，重複決定（over-determination）

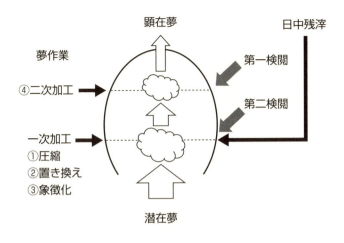

図1　夢作業

されることになる。例えば，数人の人物が一人の人物に圧縮されたり，いくつかの言葉が合成されて一つの新たな言葉に圧縮されることである。②置き換えとは，潜在夢において重要な要素を顕在夢でそれほど重要でないものにして隠蔽することである。よって顕在夢で無意味に見える要素は，潜在夢が置き換わったものである。③象徴化とは，潜在夢におけるある心的表象を別の心的表象で表現することである。顕在夢は象徴化を潜在夢の偽装に利用しているといえる。例えば，船，箱，部屋，家，池，穴，地下などの凹形のものは女性器，剣，刀，竿，鍵，電柱，ナイフ，鉄砲，銃，塔などの凸形のものは男性器，乗馬，サイクリング，テニス，ダンス，登山，旅行などの対象との動的行為は性交の象徴と考えられる。夢の材料は，視覚化されることでさまざまな表現が可能になる。一次加工されたものは覚醒時にさらに新しいものを付け加えて，不合理なものを合理的で筋の通った内容へと変換されるが，それを④二次加工と呼ぶ。

Ⅲ　フロイトの夢分析の方法

　フロイトは自らの夢を素材に夢分析の方法を展開した。夢の主題は，神経症が根底にあるので，夢を分析するには，前置きと神経症の病因に立ち入る必要があるという。たとえ同じ内容の夢であっても，夢を見る人によってその意味

は同じではない。ここで言う前置きには，最近あるいは前日の出来事などの日中残滓や治療経過などが含まれる。フロイトは，自らの夢を文節ごとに区切り，詳細に自由連想を試みて夢分析を行ったが，このような技法は要素連想と呼ばれている。フロイトは，夢分析に神経症を想定していることもあり，日中に意識化できない願望充足に夢の意義があると考えていた。患者が睡眠中に見ている夢（潜在夢）と覚醒時に見ていたと思う夢（顕在夢）は同一ではない。潜在夢は，検閲によって歪曲されて顕在夢になる。夢の歪曲には，無意識と前意識の間と前意識と意識の間の二つの検閲があり，前者は表象化の過程であり，後者は意識化の過程に相当する。

次にフロイトが「夢はすべて願望充足だ」と言うことに反対するヒステリー女性患者の夢を示す。

『人を夕飯に招待しようと思った。燻製の鮭が少しある他に何の貯えもなかった。買い物に出かけようと思ったら，今日は日曜でしかも午後なので，お店はどこも閉まっていることを思い出した。そこで出前で届けてくれるところを二，三軒電話で当たってみようとしたけれど，電話は故障している。それでその日に人を御招待しようという私の願いは諦めてしまわなければならなかった。』

分析の結果，患者がこの夢を見る前日に女友達の家を訪問したことが明らかになった。患者はこの女友達に対して少し嫉妬心を抱いていた。なぜなら自分の夫がこの女友達のことを誉めていたからである。幸いなことに，この女友達は痩せていた。なぜなら患者の夫は豊満な女性が好みだったからである。この女友達は「もっと太りたいわ」そして「いつまた私たちを夕食に呼んで下さるの？ お宅のご馳走はとても素晴らしいんだから」と言っていたということが明らかになった。

フロイトによれば，この夢は本患者が女友達に夕飯をご馳走したくない願望の充足であるという。なぜなら夕飯をご馳走すれば，女友達の身体はふっくらして，夫の好みの女性になってしまうからである。つまり患者自身の願望が充足されないという顕在夢は，患者の女友達の願望を充足させたくないという願望の歪曲であると理解される。換言すれば，患者は女友達を夢の中の自分自身に投影し，自分自身の願望が充足されない夢を見ていると言える。同時に夢の中でもっと太りたいと語る女友達に自分自身を投影しているとも言える。そこ

には自分が夫好みの女性になって夫に誉められたいという願望があると言える。このように夢の歪曲の根底には，願望充足があるという。夢の歪曲は神経症の夢臨床の基本にある。当時のフロイトによる夢の理解にはないが，転移の理解を基盤にした現代の夢臨床であれば，本患者の夢の中で登場する夫は分析者であるフロイトが歪曲されたものと理解されるであろう。また本患者は，フロイトの考えに反対し，それを示す夢を報告することでフロイトの関心を惹いていると言えるかもしれない。

　フロイトが「夢解釈」で示した夢分析の方法で重要なことは，まずどんな夢にも前日の諸体験への結びつきが見出されるということである。よって患者が語る顕在夢から潜在夢を適切に理解するためには，患者が夢を見るそして夢を報告するまでの前置きを理解することが重要であろう。次に患者が語る顕在夢における些細なものが夢の材料として重要であるということである。「重要なもの」から「些細なもの」へと置き換わることで，潜在夢における願望は，夢の検閲から逃れることができる。よって患者が語る夢の「些細なもの」に注目する必要があるということである。「夢解釈」におけるフロイトの分析の方法は，それまでの治療経過や患者の現実状況や日中残滓を理解し，患者が報告した夢や夢の要素に対する患者自らの連想内容を通じて，分析者が理解した潜在夢を解釈するというものである。その意味で夢は無意識内容の意識化への抵抗の所産であり，夢の分析の本質は抵抗の分析と言えるかもしれない。

　その後，フロイトは，ドーラの症例の夢の中で夢分析を行った（Freud, 1905a）。当時は，転移の概念もまだ発見されていない状況であり，フロイトは潜在内容を明らかにすることを目指していた。ドーラの症例の中断からフロイトは夢分析にあまりに野心的過ぎると治療の弊害になると感じているようであった。そのため鼠男の症例では，多くの興味深い夢を報告しているが，フロイトは解釈を控えて，転移の重要性を強調するようになっている（Freud, 1905b）。狼男の症例では，フロイトは，再度，夢の潜在内容を積極的に探究している（Freud, 1905c）。とくに狼男の過去の出来事との関連性を検証し，小児神経症の存在を証明するために積極的に夢解釈を利用している。幼児期の夢を再構成する過程を通じて，幼児期体験の回想と再構成を試みているが，やはり転移との関連性を十分に取り上げていないように思われる。フロイトの夢分析の方法は，現在の精神分析における夢臨床の基礎を形成していると言えるだろう。フロイトは「夢は無意識への王道である」と考えて，無意識内容の探索

のために夢分析を行った（Freud, 1900）。その意味で，夢分析は精神分析の王道と言えるかもしれない。しかしその後，転移の理解とワークスルーを治療過程の中心におく現在の精神分析では，夢の取り扱いはさらなる発展を遂げている。それは現在の夢臨床という主題で論じることであるが，本書の主題から若干外れるので，本講では多くを述べることができないが，次の症例を通じてその一部を示したい。

Ⅳ　症例にみる夢臨床

　Aは大学生の女性である。Aは大学3年の終わりに大学の心理相談施設室を訪れた。Aは，自分が行かなければならない場所に何となく行きたくないと感じると，そこに行くのをやめて逃げるということを昔から繰り返してきた。そのため中学の時に一時的に不登校になったことがあった。Aはそういう自分を怠け癖で甘えていると考えていた。何かから逃げている自分自身のあり方に違和感を抱くようになったことが，今回のAの来談の動機であった。最近の出来事においても，Aは何かをしなくてはいけない時に失錯行為のために結局できなかったということを繰り返していた。Aの両親は高学歴ではなく，A自身も学歴にこだわりはなかったため，大学進学をそれほど望んでいなかったという。Aは大学に入学してから紳士靴の店でアルバイトを始めて，その店に勤めるAより一回り年上の男性の店長と交際するようになり，現在は，家を出て店長のアパートで暮らしながら，大学に通っていた。両親は男性との同棲生活を認めていなかったが，仕方なくAの好きなようにさせていた。やがて神経症水準の見立てで，週1回50分の精神分析的精神療法が開始された。Aは頻繁に夢を報告し，夢の内容からAの無意識や転移を読み取ることができた。次第にAはセッションに遅刻やキャンセルをするようになった。Aが積極的に夢を報告することは，セラピーへの適応への試みであり，Aがセッションに遅刻やキャンセルをすることは，セラピーへの抵抗の行動化であるという理解を私は持つようになった。このような抵抗をめぐる転移の形成とそのワークが治療の課題になっていった。

　大学4年の初夏の頃，セッションをキャンセルした，次のセッションでAは前夜に見た夢を報告した。

『私は自分の母校の中学校か小学校の建物の中にいる。サッカーの本田選手が学校の体育館に講演にやってきて，下駄箱のあたりから体育館に向かって歩いて行く（私は本田選手が大好きで，とAは説明を加える）。体育館の中は，ライブのような状況で，私は最前列に席を取る。私は本田選手に握手をしてもらおうと，手を出すのだけれど，握手をしてもらえなかった。私はそこでなぜか自分が努力していることについて語るのだが，本当は努力できない人間であることを私は自分で解釈して，それがみんなにばれてしまう。その後，私は教室へ移動して，みんなで円陣を組んだ。教室の私の席の机の上にカラーのビニールのファイルがあり，そこにメモが貼ってあった。メモには「あなたは，20回以上欠席したので，卒業できない」と書いてあった。私はそんなに休んだ憶えはないのだけど……と思った。その前に本田選手と握手ができなかったこともあって，私は，なんかちょっと卑屈になっていたので，一応，その事実を受け入れて，席に座った。よく見たら，その席は自分の席ではなく，友人の席だった。そして，私は座席表を見て自分の席を見つけた。』

　私はAの夢を聞いて多くの興味深い素材が持ち込まれたように感じた。私は基本に立ち戻り，Aが報告した昨夜の夢に対するA自身の連想を尋ねた。Aは「きっと，私は卒業のことを心配しているんだろうなと思った」と答えた[注1]。
　私はAの連想を拡げるように短く介入した。するとAは「実は，卒論のテーマをちがうテーマに変えようと思っているんです。元々は睡眠とストレスに関するテーマにしようと思っていたんですけれど，何となく，愛着に関するテーマにも興味があって。今からだったら間に合うかなって思って，いろいろと考えているんです」と答えた。
　私は「卒業」について連想を促すと，Aは「きっとこのセラピーのことだと思います。私はこのセラピーをちゃんと終わることができるのかなって……，このセラピーってどうやって終わるんだろうって考えてしまう」と述べた。
　私は「欠席」について連想を促すと，Aは「私は4年生になってからは，大学の講義には出席していたので，どうしてなのかなって思った。でも先週この面接を休んだ時に大学の講義も休んでしまった。だから以前の怠け癖のことを思い出した」と答えた。私は「今まで何度もここで話題になったことですね」

注1）Aはすでに自宅通勤可能な自宅から近くにある企業から採用の内定をもらっていた。

と言うと，Aは少し笑って「ええ，そうですね」と述べて，それについてA自身が考えたことを話した。それを聴いた私は「学校の授業つまりセラピーのセッションを休んで，卒業つまりセラピーを終了できなくなるようにあなたは感じているということですね」とAの理解を明確化した。Aは「ええ，そう思います。きっと前回，私が面接をキャンセルしたことで，欠席が多くて，ちゃんとセラピーを終えられないというような夢を見たんだと思う」と述べた後，しばらく沈黙して「なんか，身も蓋もないことを考えてしまう」と述べた。私は「どんなことですか？」と尋ねたが，Aは「うーん」と沈黙したままであった。

　私は続けて「本田選手」について連想を促した。するとAは「私は本田選手が好きなんです。あと，この夢を見たのが，サッカーのコートジボワール戦の翌日だったので，私はサッカーの夢を見たのだと思う」と述べた。

　さらに「握手」について連想を促すと，Aは「夢の中では，結局，握手できなかったけど，そんなに悪い感じはしなかった気がする」と述べて再び沈黙した。

　「努力」について連想を促すと，Aは「私は，怠け癖があるから，もっと努力しなくてはいけないっていうか……，それはこのセラピーについて感じていることだと思う」と述べた。私は「すると，努力が足りず，このセラピーが不十分なままで終わってしまうように感じているのでしょうね」と解釈すると，Aは「ええ，そうだと思う。でも一体，私はどうやってこのセラピーを終わるんですかね。どうなれば，セラピーって終わるのかなって思う」と述べた。

　これまで，私が取り上げたAの顕在夢のいくつかの要素に対するAの連想から，Aの潜在内容は，順調に表出されているように私は感じた。しかし私にはそれがやや順調過ぎるようにも感じられた。夢の分析が順調なのはAの自身の洞察によるところが大きいと感じた。

　私は夢の要素に再度注目して「夢の中で，あなたは自分で解釈しているようだけど，それについてはどう思いますか？」と尋ねた。Aは「うーん。どうしてだろうって思う。よくわからない」と述べて長く沈黙した。私は「あなたが昨夜に見た夢をここで聴いて，私が理解したことをあなたに伝えて，あなたがここで何かに気づいていくというよりも，あなたが昨夜に見た夢についてあなたが一人で理解したことをここで私に話しているようですね。それは昨夜の夢の中であなたがやっていたことでもあるようですね」と解釈した。Aは少し驚いた顔をして「そうか……」と呟いた。さらに私は「このセラピーについても

あなた一人でやっているということを，夢を通じてあなたは私に伝えているのかもしれないですね」と解釈すると，Aはさらに驚いた表情になり，時間が終了して面接室を後にした。

その次のセッションの冒頭で，Aは前回のセッションで報告した夢に対する私の解釈に対する気持ちを語った。Aは「私が前回ここで報告した夢を見た時に本当はすぐに先生に話したかったのだと思う」と私に会いたかったが，すぐに私に会えずに悲しかったという気持ちについて語った。前回のAの夢の報告とそれに対する私の解釈をめぐって，私とAとの間で情緒的な交流が起きた。Aは夢に対する自分の理解を事後的に報告していたことについて「私は他人に相談しているようだけど，本当には人に頼っていないのだと思う」と語った。Aは沈黙した後，Aが私の前で見せている自分は，ほんの一部であることを認めて，静かに涙を流して，そのセッションを終えた。その次のセッションで，Aは今回の夢の報告をめぐる私との一連の関わりの中で以前よりも私に頼ることができたと語った。

以下に夢分析という視点で若干の考察を述べる。「母校の中学校か小学校」は「大学」が置き換わったものであり，それはいずれ母校になることを意味しているだろう。「体育館」は，学校で卒業式を行う場所であり，Aが自ら連想したように「卒業」が夢の潜在内容にあるだろう。「サッカー」は，日中残滓によるところが大きいだろう。「下駄箱」は，Aが紳士靴屋でアルバイトをしているという事実も反映しているかもしれない。「体育館」は，卒業式を行う場所でもあるが，Aのセラピーが行われている場所が体育館の横にあるという事実も反映しているかもしれない。このように日中残滓に基づいて，Aの潜在内容は加工されて顕在内容を形成していると考えることができる。その他にAの夢の報告を受けて，私は以下のことを連想した。「20回以上」とは「20歳を過ぎて」あるいはセッションの数が「20回以上」を表すかもしれない。「ファイル」とは，セラピーの記録の「カルテのファイル」を表しているかもしれない。「本田」とはおそらく「岡田」を表しているだろう。「握手してもらえない」とは私に「触れられない」というAの体験を表しているだろう。「自分の席を見つけた」とは「自分の居場所である現在のセラピーの場所」を表しているだろう。

しかし夢の要素に対するAの連想が広がる過程において，それまで些細な要

素であると考えていた「私は自分で解釈する」という要素がAの夢の潜在内容として重要な要素であると私は考えるようになった。それは，夢の理解がやや順調過ぎることに加えて，基本的に自分一人で進めた理解を私に事後的に報告していることに基づいており，私との交流の中で生み出されたものではないと私が気づいたからである。「私は自分で解釈する」という夢の要素は，私への依存の否認という今ここでの転移を示唆する重要な要素でもあった。Aの夢の報告をめぐって，私がそのような理解に辿り着いたのは，治療経過や現在および前日の残渣を含む夢の文脈を捉えて，Aが報告した顕在夢に対する直接的な分析のみならず，Aによる夢の報告と要素の連想をめぐるAとの交流があったからであった。シーガル（H. Segal）は「我々は夢を分析するのではない。夢を見る人を分析するのである」と述べている（Segal, 1991）。今日の精神分析的臨床は，夢分析から転移の理解を基盤にして多角的に夢を取り扱う夢臨床へと発展したと言えるだろう。

V　精神分析における象徴

　これまで象徴が夜間の夢作業の一つの要素であることについて述べたが，次に精神分析における象徴について述べる。そもそも象徴とは，直接的に知覚できない概念や事象などを，それを意味するものあるいは表すものによって間接的に置き換えて表現することである。精神分析的な意味においての象徴には過程があり，心象（image）や表象（representation）と近縁的な概念である。ソシュール（F.de Saussure）は，言語を記号体系として捉えて，「意味しているもの（signifier）」と「意味されているもの（signified）」の対であると考えたが，精神分析的臨床において象徴を理解するためには，「象徴するもの」と「象徴されるもの」との関係，つまり何が何を象徴しているかという理解が重要である。
　キュービー（L.S. Kubie）は，象徴の過程には，意識的過程と前意識的過程と無意識的過程の三つの過程があると述べている（Kubie, 1950）。意識的過程における象徴は，二次過程が優位であり，言語が重要な役割を果たしている。意識的象徴には，意識的抽象や概念思考などの他に記号，印，図，絵なども含まれる。例えば，スフィンクスとその謎を解くエディプスの姿がモチーフとなった国際精神分析学会のロゴは精神分析を象徴しているし，かつて日本精神分析学会で使用されていたロゴは自我を象徴しているだろう。意識的過程の象

徴の主な目的は、他者への伝達や主張あるいは他者との情緒の共有である。意識的過程の対極にあるのが無意識的過程である。無意識的過程における象徴は、一次過程が優位であり、言語はそれほど重要な役割を果たしていない。無意識的象徴には、睡眠中の夢や患者の神経症症状など含まれる。睡眠中の夢では、凝縮された言葉や視覚的な文字や身体感覚や断片的な情緒体験や行動を伴っている。無意識的過程の象徴の主な目的は隠蔽である。そのため無意識的過程における象徴では、抑圧によって象徴されているものは、歪曲されているか、完全に断絶されている。既に述べたように、フロイトの夢判断では、男性器や女性器や性交の象徴について論じられている。例えば「剣は男性器の象徴である」という場合には、剣という対象自体が男性器を象徴しているわけではなく、剣という対象表象が男性器という対象表象を象徴しているといえる。

意識的象徴では「象徴しているもの」と「象徴されているもの」との関係は明確であるが、無意識的象徴では、歪曲によって象徴しているものと象徴されているものとの関係は容易にはわからないので、分析作業を通じて解読が必要になる。他方で意識と無意識の間にある前意識体系は、意識的体系と無意識的体系の双方から自由であることで、前意識的過程における象徴には、創造性が備わっているという。前意識的象徴には、子どもが言語を習得し、洒落や俗語や比喩などが含まれる。例えば、桜や富士山が日本を、白衣が医者を、鳩が平和を、それぞれ象徴すること、比喩的象徴の例である。

Ⅵ 症例にみる象徴

Bは大学生の女性である。Bは中学2年時より男子生徒の前で赤面恐怖があり、男性から逃げるために高校は女子校に進学した。だが女子生徒の前でも赤面恐怖を抱くようになり、高校2年の時から大学病院の心療内科に通院し始めた。Bはこれまで抗不安薬によって一人で赤面恐怖に対応してきた。抗不安薬の頓服は、"ポパイのホウレン草"のように即効性があった。Bは大学進学後、担当医の紹介で私のもとを受診し、神経症水準の見立てで週1回50分の精神分析的精神療法が開始された。Bは痩身で背が高めで、左右で髪を束ねた様子や表情などからはBの幼さが感じられた。Bには性交渉の経験はなかった。

Bは一人っ子で、父親と専業主婦の母親と三人家族である。Bは幼い頃から父親の転勤のために多くの引っ越しと転園と転校を経験していた。そのため学

校では周囲から無視されるなどの虐めを経験したという。Bが中学入学後より父親は単身赴任となり，現在まで母親と二人で暮らしていた。Bは母親に自分の気持ちを受け入れてもらったという経験は乏しかった。

　治療開始後，Bは劇団に入り，自ら照明の担当を志望し，役者に照明を当てる技術の習得に励み，劇団の裏方的な立場に身を置いた。Bが語る怒りの多くは，周りに自分の主張を聞いてもらえないことへの自己愛的な怒りや役者志望の女子学生に対する嫉妬心に伴う怒りであった。赤面恐怖をめぐって，Bは男子学生から女性として見られるのが嫌なので自分を男性として見て欲しいと語った。男子学生から告白された時，Bは強い怒りを感じたという。私から見られる体験や私の性別について触れると，Bは「考えたくない」と違う話題へと話しを移した。Bは私の方を凝視しながら「先生の手の血管っていいですねえ。私，血管フェチなんですよ」などと語った。私の身体の一部に対するBの性的関心は，その後，指，手首，眉毛，ネクタイ，眼鏡などへと広がっていった。

　Bのフェテュシュ的な転移のワークは停滞したまま，治療開始から1年が経過した。やがてBはしばしば剣と蠍の銀製のペンダントを二つ身につけて現れるようになった。Bは小学生の頃からボーイズラブをテーマにした小説や漫画など，男性の同性愛関係を持ち出して，"男性を犯す" という昔からしばしば抱く自慰空想について語った。私は「ペニスを持ちたいのでしょう」とBの男性化空想について解釈すると，Bは素直にそれを認めて，自らを「腐女子」だと述べた。Bはしばしば面接中に靴下を脱いで椅子の上で胡座をかくこともあった。やがてAは「男性に負けたくない」などと男性化への願望と女性性への拒否の背後にある男性への競争心について語った。本患者の治療者への身体部位や所持品への関心，その後に語られた患者自身の趣味や所持品や態度などは，すべてペニスを象徴していると言えるだろう。

Ⅶ　比喩と象徴

　すでに前意識的象徴の中に比喩（メタフォア metaphor）があることについて述べたが，比喩や象徴は，精神分析臨床において重要な概念と言える。比喩は，暗喩とも言われるが，ある事柄を別の事柄で表すことである。フロイトは「分析という純金に，直接暗示という銅を合金する」「汽車の窓からみえるものを説明する」「外科医」「電話の受信器」「ブランクスクリーン」「鏡」などさま

ざまな比喩を用いて精神分析について論じている。直喩（シミリ simile）は，「のように」「の如く」などの表現で言い換えることである。例えば，分析的臨床描写において「母親のように」「烈火の如く」などの表現は，しばしば目にするだろう。寓喩（アレゴリー allegory）は，比喩的方法によって創作された文学・絵画などの作品である。イソップ寓話はその代表であるが，精神分析で馴染みのあるエディプスやナルキッソスなどのギリシア神話なども一つの寓喩として捉えることもできるだろう。換喩（メトニミー metonymy）は，ある事象と現実的に隣接性のある言葉で置き換えて表現することである。例えば，「フロイトを読む」「おっぱいをあげる」とは「フロイトの著作を読む」「授乳する」のそれぞれ換喩と言えるだろう。ラカン（J.M.E. Lacan）は，ジェイコブソン（E. Jacobson）に依拠し，フロイトの夢作業における，置き換えを換喩に，圧縮の機制を隠喩に対応させている。

　象徴などの夢作業の要素は，夜間の睡眠中の夢のみならず，日中の精神生活においても重要な意味を持つと言える。またすでに示した比喩的表現は，患者に伝える解釈など，治療者が用いる言葉や著者による分析的臨床描写でしばしば有効である。比喩には，ある事象を明確にする機能と曖昧・婉曲にする機能の両面がある。つまり精神分析的臨床における比喩の使用には，表出 expression（無意識を意識化すること／剥がすこと uncovering）と支持 support（意識を無意識化すること／覆うこと covering）の二つの力動が含まれていると言える。それは意識と無意識の間に存在する前意識的過程に基づく象徴機能の特徴と言えるかもしれない。そこに一つの創造性が備わっていると言えるだろう。

Ⅷ　象徴機能と発達

　象徴を一つの機能として捉えれば，象徴機能は発達過程において獲得される。土居は象徴的過程の起源と分化について次のように述べている（土居，1988）。それによれば，乳児の外界の感覚や身体内の感覚に関する記憶の中心にあるのは本能欲求の満足である。乳児は，自分の世話をしてくれる他者についての感覚が結晶化するにつれて母親がわかるようになる。例えば，「うまうま」という乳児が授乳を求める前言語的発動は，「まんま」という食べ物を表す幼児語へと発展し，やがて乳房や母親を表すようになる。このような原始的言語を介

する母親との関係が成立すると，子どもは母親の言語を取り入れるようになる。母親は，まず身体部位とその機能に関する言葉を，次に外界の事物の名前を子どもに教える。その後，子どもの心の中にある身体内外の諸感覚が言語活動とつながるようになる。しかし身体内感覚は，言語によって直接的に表現されず，外界の事物を形容し叙述する言語の中に間接的に反映される。例えば，「うまうま」などの母親や乳房を意味する乳児語は，おっぱいを吸う時の口唇の感覚ばかりでなく，満腹の身体感覚も反映するようになる。さらに「うまい」という身体感覚を伴う形容詞とつながるようになる。やがて身体内感覚を抑圧することによって，身体外の事物をはっきりと知覚し，これを言語によって代表することを通じて現実に適応するようになる。適切に抑圧されたものは，象徴化を通じて昇華の道を進む。以上は，象徴の起源が本能欲求の満足に基づく身体内感覚にあり，母親との交流の中で言語を取り入れて抑圧され，身体外へ開かれて現実に適応する過程で象徴的過程が不可欠であることを示している。

　スピッツ（R. Spitz）は，最初の言葉の一つは，母親を真似た「イヤ」という言葉であると述べている（Spitz, 1957）。母子の交流の中で「イヤ」という仕草は，子どもが何らかの判断を下す能力，すなわち，物事について考えるthink about things能力を示す最初の抽象的な象徴であると述べている。ウィニコット（D.W. Winnicott）は，子どもが母親から分離する時期には，移行対象が自分の世界と母親の世界を橋渡しするが，その際にみられるのが移行対象の創造と使用であると述べているが，これは乳児が創造する最初の象徴と言えるだろう（Winnicott, 1953）。やがて子どもは，願望と空想を表現するために言葉と象徴を用い，象徴的な遊び（symbolic play）を用い始める。以上は，母親の機能を取り入れる母子関係を前提として，子どもの中に自他の区別の感覚が芽生えることや母親との分離の過程が子どもの象徴的過程に重要であることを示している。

IX　象徴的過程の障害

　前項で象徴的過程は母子関係をめぐる発達過程と密接な関係があることについて述べたが，今日，精神分析的臨床において，象徴的過程の障害を有すると思われる症例にしばしば遭遇する。元来，精神分析的な病態理解は心的決定論に基づいているが，フロイトが体質的要因の存在を常に考慮していたように器

質的要因によって象徴的過程は障害される。言語の象徴的過程は，身体内感覚を抑圧することで発達するが，抑圧が適切に起きず，身体内感覚を言語的活動によって適切に表現できない場合に象徴的過程の障害が起きる。エディプス期において過度な抑圧のために，身体内感覚を言語的活動によって表現することが難しい神経症者は，象徴化された神経症症状によって日中の精神生活にもさまざまな影響を与えるだろう。また適切な母子交流を欠くことで抑圧が起きる以前の前エディプス期に留まる病態では，否認，分裂，投影などの原始的な防衛様式が中心となり，病理的な象徴的過程を発展させるだろう。

病理的な象徴的過程では，本来の象徴（symbol proper）とは，似て非なる象徴を用いるようになる。それは，シーガルによって象徴等価物（symbolic equation）あるいは具体象徴（concrete symbol）として概念化されたものである（Segal, 1991）。シーガルの有名な症例記述を以下に紹介する。

精神科病院に入院しているある統合失調症の男性患者Xは，ある時「どうして病気になってからバイオリンを弾くのをやめてしまったのか」と質問された。するとXは「なぜあなたは私に公衆の面前でマスターベーションをさせたいのか」と答えた。別の男性患者Yは，ある晩に若い女の子とバイオリン二重奏をしている夢をみた。Yはバイオリンを弾く，弄ぶ，マスターベーションをするなどと連想を進めた。その後バイオリンがYの性器を表していて，バイオリンを弾くことは，少女との間でのマスターベーション空想を表していることが明らかになった。XとYにとって，バイオリンは男性器を，バイオリンを弾くことはマスターベーションを，それぞれ象徴しているといえる。Xにとってのバイオリンは，男性器そのものを意味しており，バイオリンを弾くことは，マスターベーションをすることそのものを意味しているために，バイオリンを公衆の面前で弾くことができなかったのである。つまりオリジナルな対象と象徴の区別はないので，オリジナルな対象であるバイオリンの本来の特質や目的は保たれていない。この場合の象徴は，象徴されるオリジナルな対象と等価であり，象徴等価物あるいは具体象徴と呼ばれる。一方，Yにとって，バイオリンは男性器を，バイオリンを弾くことはマスターベーションをすることを，それぞれ意味していたが，それは抑圧された無意識内容の夢作業の結果としてであった。つまりオリジナルな対象と象徴の区別はあるために，オリジナルな対象であるバイオリンの本来の特質や目的は保たれていたのである。

クライン派理論によれば，妄想分裂態勢から抑うつ態勢に進展することに

よって象徴形成は可能になる。象徴化機能は，対象の不在や喪失を克服することに貢献する。言い換えれば，適切に悲しむことができたものだけが適切に象徴化されるといえる。象徴化が適切に機能しない病態では，対象の不在や喪失を否認し，具体対象を対象として体験する。象徴化機能を欠く思考様式は具象的思考（concrete thinking）と呼ばれ，精神病の中核的な思考と考えられている。

だが象徴化機能を欠く病態は，精神病のみではない。その一つに摂食障害という病態がある。次にある症例を提示する。20代半ばの独身女性に対して週5回の精神分析が行われていた。あるセッションの最初にカウチに横たわる前に彼女はアルバムを見て欲しいと私に手渡した。アルバムの中には，彼女がホテルのベッドの上で自分が兄と呼ぶ男性と自撮りした複数の写真が収められていた。私は，アルバムを一通り見た後，カウチの横のサイドテーブルにそっと置いて彼女の気持ちを尋ねた。彼女は自分とその男性の本当の姿を見て欲しいと述べた。私は「一見恋人のようだけど，本当は恋人ではないというのが本当の姿なのでしょう」と伝えた。次のセッションの最初に彼女は前回のセッションの間，彼女の写真の詰まったアルバムをずっと私に抱えていて欲しかったと語り，そうしなかった私への不満を述べた。つまり前回のセッションで私が彼女のアルバムをカウチの横のサイドテーブルに置いたことで，彼女は私に受け止められなかったと感じたようであった。彼女にとって，彼女の写った写真とそれが収められたアルバムは彼女そのものであった。私は，前回のセッションで私が彼女を抱えられなかったことを認めて解釈を通じて彼女の怒りを抱えようとした。しかし彼女はやはり私に抱えてもらえなかったと体験したようであった。彼女にとって，彼女の写真やそれが収められたアルバムは彼女の象徴等価物であり，私の解釈は彼女を抱える腕を象徴していなかったといえる。毎日のように過食嘔吐を繰り返す彼女にとって，食べ物は自分の心身に不可欠な栄養物という意味はなく，単に身体的な不快感を嘔吐によって軽減するものでしかなかった。やがて彼女は食べた後に吐き気のために嘔吐するのではなく，嘔吐してすっきりするために食べるようになった。対象を倒錯的に使用する彼女の思考は具象的思考といえるだろう。

X　夢臨床の変遷——象徴夢から非象徴夢へ——

近年の精神分析の対象の拡大と重症化，そして一者心理学から二者心理学へ

という精神分析のパラダイムシフトに伴って，夢の力動的意義は，睡眠中の想像的活動，睡眠中の無意識的空想活動，夢思考という思考形式，創造的な遊びや可能性空間，映写幕や劇場，夢機能などへと拡大した。それによって今日の夢臨床は，患者の無意識や転移に向けて夢内容を理解することから患者が夢をみることや夢を語ることへ，さらに夢を介して交流することへと拡大し，治療者の夢についても，フロイトが最初に試みた自己分析の一部から逆転移を理解するものへと拡大したといえる。

　また夢形成のメカニズムは，フロイトが取り組んでいた神経症では，無意識的願望とその抑圧が中心的なメカニズムであったが，その後，さまざまな病態において，神経症とは異なる夢形成のメカニズムが検討されるようになった。例えば，心的外傷では，外傷によって自我境界が侵犯されて，外傷体験に関連した苦痛夢を反復することがある。うつ病では，超自我による自己処罰によって悪夢や不安夢をみることがある。パーソナリティ障害では，不十分な象徴機能により夢作業自体が障害されて十分に加工されず，潜在内容を夢内容として具象的に排泄されることがある。精神病では，自我障害により夜間に幻覚や妄想を体験することがある。自閉スペクトラム症では，治療および日中の残滓が加工されることなく，断片化されてそのまま夢として報告されることがある（岡田，2017）。これらの病態ではしばしば不眠のために夢を見ること自体が困難になる。本項の主題に関連して言えば，象徴的過程を伴う象徴夢と象徴的過程の乏しい非象徴夢という視点で夢を捉えることができるかもしれない。しかし実際の臨床では，象徴夢と非象徴夢を明確に区別することができないことも多い。一つの夢の内容の中に象徴化された部分と象徴化されていない部分を見出すことなのかもしれない。

おわりに

　本講の夢と象徴という主題は，今日の精神分析の起源であり，精神分析の基礎として重要である。象徴は，フロイトが述べた夢作業の一要素であり，神経症者の神経症症状を理解する上でも重要である。その後，精神分析的臨床は，患者の夢のみならず，患者の症状・言動・病理についても，象徴的部分から非象徴的部分へとその理解とかかわりは拡大したといえる。

文献

土居健郎（1988）精神分析．講談社学術文庫．

Freud, S. (1990) The interpretation of dreams. SE4-5.（新宮一成訳（2007）フロイト全集4―1900年夢解釈Ⅰ．新宮一成訳（2011）フロイト全集5―1900年夢解釈Ⅱ．岩波書店）

Freud, S. (1905a) Fragment of an analysis of a case of hysteria. SE7.（渡邉俊之・越智和弘・草野シュワルツ美穂子訳（2009）フロイト全集6―1901-06年症例「ドーラ」・性理論三篇．岩波書店）

Freud, S. (1905b) Notes upon a case of obsessional neurosis. SE10.（総田純次・福田覚（2008）フロイト全集10―1909年症例「ハンス」・症例「鼠男」．岩波書店）

Freud, S. (1905c) From the history of an infantile neurosis. SE17.（新宮一成訳（2010）フロイト全集14―1914-15年症例「狼男」メタサイコロジー諸篇．岩波書店）

Kubie, L.S. (1950) Practical and Theoretical Aspects of Psychoanalysis. International Universities Press.（土居健郎訳（1952）精神分析への手引―理論と実際．日本教文社）

岡田暁宜（2017）残滓としての夢―自閉スペクトラムの夢臨床．精神分析研究, 61(3)；318-325.

Segal, H. (1991) Dream, Phantasy and Art. Routledge.（The New Library of Psychoanlysis, 12）（新宮一成訳（1994）夢・幻想・芸術―象徴作用の精神分析理論．金剛出版）

Spitz, R. (1957) No and Yes : On the Being of Human Communication, International Universities Press.

Winnicott, D.W. (1953) Transitional objects and transitional phenomena. International Journal Psychoanal, 34；89-97.（北山修監訳（2005）小児医学から精神分析へ．ウィニコット臨床論文集．岩崎学術出版社）

第7講

治療者の基本と治療の枠組み

鈴木智美

I　はじめに

　精神分析〈ここでは，精神分析的精神（心理）療法もこの用語に含めて使用する〉の実践は，私たち治療者が，目の前にいる患者／クライエントのこころが何を迷い，傷つき，苦しんでいるのか，その人のこころのあり方を理解しようとすることだと思う。この実践を行うに当たって，治療の枠組みが必要で，それは，治療構造と呼ばれ，〈外的治療構造〉と〈内的治療構造〉とから成り立っている。この枠組みは，治療関係を支えるのと同時に，患者／クライエントの内界を投影する対象や，こころの成長を抱える心的環境の機能を担う。

　〈外的治療構造〉とは，「場の設定」「対面か仰臥か」「時間的構造」「治療契約」といったもので，〈内的治療構造〉とは，治療者の態度やあり方を意味している。もっともこの構造の分け方の内容は，分析家によって若干の相違があり，小此木は，エクステイン（R. Ekstein）（1953）の「精神療法における構造」を踏まえ，〈外的治療構造〉としては場の設定や空間的配置など外的設定を位置づけ，〈内的設定〉はゲームのルールに相当する契約や約束ごとなどを挙げている。ただ，いずれにしても，精神分析治療においては，患者／クライエントの内界が映し出されるための構造が必要で，構造の設定を一定にすることにより，その場に生じている患者／クライエントの内的な空想が明瞭に浮かび上がってくる。

　しかしながら，治療者がこの枠に縛られすぎて，ロボットのように，あるいは能面のような態度となることは，分析のカリカチュアだろう。フロイト（S. Freud）は「分析治療の開始について」（1913）で，分析治療をチェスゲームの展開になぞらえて，「体系的説明が可能なのは，序盤と終盤だけで，序盤の後に始まる見通しの効かない多様な局面についてはそのような説明は不可能である」と述べている。基本枠が設定され，それを守りつつも，枠をどのように

応用するのかは、そこにいる二人によって決定されると考えられる。本講では、精神分析における治療者の基本的な姿勢とその枠組みについて述べてみたい。

II 精神分析的かかわり

　精神分析的なかかわりとはどのようなものだろうか。

　精神分析的面接は、面接室にいる二人（患者／クライエントと治療者）の内的交流にかかわっている。この内的交流とは、そこに転移／逆転移が展開している、無意識的で情緒的な交流のことである。そこに持ち込まれているものは、その人の蒼古的（幼少期の両親・養育者との関係性）な情緒として捉えることができる。決して社会的なものではなく、「他のどのような関係とも比べることができないほどの親密さと強烈な感覚がもたらされる」(Green, 1987) 交流となる。

　精神分析的かかわりでは、患者／クライエントその人（こころのあり方、内的空想）を情緒的に理解することが求められるのだが、クライン派の見地から言えば、その人の思考や情緒体験が、妄想－分裂態勢にあるのか、抑うつ態勢であるのかを見る。内的空想には、原初的な体験に基づいて、どのような対象関係を持っているかが反映されていると考えられている。そして、患者／クライエントが語る出来事なり事実なりに、どういった情緒が動いているのかについて私たちが考える時には、治療者のそこでの情緒体験（逆転移）を通して見ていくことも必要になる。

　それには、その人についての好奇心を失わず、興味・関心をもってかかわることが大切となる。現在（いま）語っていることや行動は、どんなこころの働きに因るものなのかを、探索しようとする姿勢を持つとよい。ビオン (W.R. Bion) は「答えは、問いを不幸にする」という文学者のブランショ (M. Blanchots) の言葉をたびたび口にしたと言うが、常に問いを持ってその人にかかわることが、その人を理解していく道となるだろう。

　治療者は、自身の五感、直観、思考、言葉を使ってかかわることが必要となる。面接室に持ち込まれるものすべてが、無意識的世界を表していると考えられるので、その人の表情や服装、行為、におい、空気感、語調などを、見、聴き、嗅ぎ、触れ（象徴的に）、味わい、そこにどんな内的空想が現れているのかを考えて、解釈するといった作業がなされる。逆転移的に夢の中で考えるこ

ともあろうし，一見まとまりがない多くの現象が集合して，それまで把握されていなかった事柄にまとまりや意味が与えられるという直観（Bion, 1967）が動因されることもあろう。

こうしたかかわりによって，患者／クライエント自身が，症状や行動で表出しているこころの不安や葛藤の解決を図ることができる。

Ⅲ　治療者のあり方（内的構造）

基本的な姿勢をいくつか列挙してみたい。まず松木（2005）は，誠実にかかわることを挙げている。このことは，約束を守ることや，安易にキャンセルしないこと，面接時間を守る，時間変更をしない，といった当たり前のことだが，心しておかないと崩れやすいことでもあろう。

馬場（1999）は，真剣勝負であることを挙げている。それは，患者／クライエントの気持ちにそのまま触れ続けておこうとする姿勢を指している。「相手をわかろうとしている時の真剣な気持ちは，受容だの共感だのという言葉では言い表せない真剣勝負のような心境」と述べており，相手に好意的に接していればすべてOKという気分になると慢心になると戒めている。

私は，知的な理解をするのではなく，情緒的体験として理解しようとする姿勢が大切と考える。長い治療過程をその患者／クライエントとともに過ごす覚悟も必要だと思う。

そして，症状としてあるいは行動として表わされている傷つきを理解しようとすること。その人が語る歴史，親子関係，兄弟や友人との関係性，傷つき体験，現実適応を，内的なストーリーとして受け身的に聴きながら，能動的に考える。患者／クライエントの内的（無意識的）空想を大事にし，たとえ自分の価値観と違っていても，その人自身がどうあるのかを理解することに努めることが求められると思う。自分の考えを押し付けてはいけない。このことは，受け身性，匿名性，禁欲的といった態度に相当するだろう。

ある患者は，万引きを繰り返していた。この行為に内心治療者は憤る思いを抱いたが，この事実について話を聴いていくと，その行為の背景には，思い通りにならない母親をわが物にしたいという切実な思いがあることが理解されていった。

また，患者／クライエント自身の真実を大切にすること。既述した内的（無意識的）空想を大事にすることにつながるが，その人にとっての真実についていく姿勢である。

　別のある患者は，そのきょうだいが自殺した時「自分が殺した」と咽び泣いていた。その人にとっては，きょうだいを殺したとの思いでいること，何ゆえそのように感じているのかを理解しようとする姿勢，殺したことの痛みを共に感じ続ける姿勢が，治療の進展に必要であった。

　そして，何より転移を引き受ける器として機能することを認識しておく。これは中立の姿勢につながる。精神分析的なかかわりにおいては，患者／クライエントが治療者に内的対象関係を投影してくる。それが，転移状況と言われるものを形成するが，分析の中で現れるこの転移を引き受ける覚悟をしなければならない。古典的には，ブランク・スクリーンと言われ，受け身的，受動的に治療者がふるまうことで，患者／クライエントの問題がスクリーンに映るように明らかになることを意味している。その意味で，治療者が安易な自己開示や，個性的すぎる外見をしない配慮も要するだろう。

　あるクライエントは，型通りにしか世話をしてくれなかった母親への憎しみを治療者に投影し，長い間，「最低の治療者」として治療者に怒りを向け続けた。

　また治療者は，行動（行為）をせずに，治療者側の理解や逆転移を吟味し，言葉にしていく作業を行う。すなわち，治療者は，考えること，空想することはできる限り自由にしながらも，あらゆる行為はしないようにしないといけないと思う。それにより，投影されているものが何かが見えてくる。その上で，解釈という言葉にして伝える作業に専心する。ただ，解釈が患者／クライエントに伝わるだろう時機が来るまで，あるいは理解できる言葉として練りあがるまで持ちこたえることも必要となるだろう。
　治療者も分析空間の構成要素なので，じっと，患者／クライエントの話に耳を傾けることが何より大切な姿勢となる。ゆえに，面接中にメモは取らないこと。メモを取ると，メモに気が取られてしまい，話に漂う情緒を汲み取れなくなってしまう。また，知りたいという欲望に動かされずに聴くことも大切だろ

う。ビオンは「no memory, no desire, no understanding」と治療者の態度について述べている。

IV 見立て

見立てをすることは，私たちがその患者／クライエントとどのような関係性をこれから作っていくことができるのか，あるいはできないのかという，私たちの内的な準備性を持つことにつながると考える。また，見立てを伝えることは，患者／クライエントのこころについての理解を共有することになるだろう。そして，長い治療をともにやっていくことができるかを互いに確認することになる。

- 治療モチベーションはあるのか
- こころの問題として扱えるのか
- みずからの過去に何等かの課題を感じているのか
- 精神分析的関与が有効か［知的なレベル／一次過程か二次過程か］
- 精神分析的交流に耐えることができるか
- どんなパーソナリティなのか［リビドー理論／構造論／疾病モデル／対象関係モデル］
- 不安のあり方
- 内的対象関係
- 内的コミュニケーションの方向性
- 想起の仕方
- 依存に対する心的態度
- 試みの解釈への反応

このような項目を頭に浮かべながら，その人個人の内的ストーリー（歴史）を読み，見立てを行っていく。ただし，見立ては一つの仮説に過ぎず，面接が進むにつれ修正されていくものでもある。

患者／クライエントが，現在抱えている症状なり葛藤なりをどうにかしたいと思っていて，本人自身が面接を通して自分と向き合っていこうというモチベーションがなければ，精神分析的面接を役立てることは難しい。こころの問

題として，葛藤や不安，抑うつを体験していることが重要であり，外的なものを変えたいと思っていたり，魔術的なアドバイスを求めていたりする場合には，精神分析的な治療の展開は望めないだろう。

あるボーダーラインの患者は，自殺企図を含む破壊的自傷を繰り返していたが，「悪いのは母親であって，自分ではない」「なぜこんな苦しい治療を私が受けなければならないのか」「なぜ母親に対して，先生は何もしてくれないのか」と訴え続けていた。彼女は，内的に自分を理解することのないままに，現実適応を得て治療は終了した。

ただ，楽になりたいという人には向かないし，被害的な想いをさせてしまうことすら生じることになる。

精神分析的交流を重ねるうちに，傷ついていて迫害的な自己部分が情緒を伴って明らかになることもあり，その病態水準によっては，精神病性の破綻をきたす危険も伴うこともある。その人の深い傷つきを抱えられるのかということは，しっかり見立てておかねばならないだろう。

どんなパーソナリティかを見立てることは，治療の展開を予測するのに大切なこととなる。パーソナリティの理論モデルのリビドー論での見方では，口唇期，肛門期，男根期のどこに固着があるかを見るし，構造論的には，エス，自我，超自我のバランスを見る。疾病モデルでは，ヒステリー的なのか，強迫的なのか，パラノイア的なのかという傾向性を見る。対象関係モデルでは，内的対象関係性と外界的対象関係性のあり方，すなわち，よい対象，悪い対象それぞれをこころの外に置いているのか，内側に置いているのかといったことを知り，妄想−分裂態勢にあるのか抑うつ態勢にあるのかを見る。

不安の性質を見立てることは，それをどう防衛しているかを知ることにつながるだろう。破滅解体不安を抱えているのか，迫害・妄想的なのか，抑うつ不安なのか。それに対してどんな防衛機制——例えばスプリッティング，投影，取り入れ——を働かせて対処しているかを見ていく。

加えて，自分を知ろうとしているのか，知らないままにしておこうとしているのか，嘘でごまかそうとしているのかを知っておくとよいだろう。もちろん，人のこころには知ろうとする自己も，知らないままにしておこうとしたり，ごまかそうとしたりする自己も存在しているだろうから，その力関係を量ってお

くとよい。

　想起の仕方では，紋切り型だったり抽象的すぎるものだったりした場合，情緒的に触れ合うことの困難が予想される。依存への態度も，まったくひとりでしようとしてしまうあり方では，治療者のかかわる余地はないし，おんぶに抱っこを求めるあり方では，その人自身を知るという作業はできないだろう。適度な依存関係が築けるかを予測するのは大事と思う。

　そして，試みの解釈を自己理解に使えるかどうかを見ておく必要もあるだろう。解釈を無視したり，強烈に反発をしたりする場合には，治療者との協働が困難であると言わざるを得ない。

　こうして挙げてみると，聞きださねばならないことや見ておかねばならないことばかりで大変に思うだろうが，これらを念頭に置きながら，患者／クライエントの話をまっさらな気持ちで聴いていけば，おのずと情報は集まってくるように思う。

　まだ，何の情報もない。情報のないうちから理論化するととんでもない間違いを犯す。何故なら人は，無意識のうちに理論に合うように事実を捻じ曲げてしまうからだ。本当は，事実から理論化をしなくてはならない。

（シャーロック・ホームズ）

Ⅳ　治療契約（外的治療構造）

　見立てができて，その人が精神分析を求めているし，この人とやっていけそうだと治療者も思えた時，治療の契約をすることになる。契約をすることで，そこへ行けば，その人がいて，一定の時間自分の話を聴いてくれるという関係が成立する。そして，治療者は特別な意味を持った人になる。

　週何回，何曜日の何時に，どれだけの時間，どの部屋で，料金はいくら，という約束を交わす。この時治療の目的についても同時に話し合い，合意に基づいて，開始する。ゼッツェル（E. Zetzel）は，患者の中の健康な自我と治療者の自我が同盟を結ぶという意味で「治療同盟」という用語を提示した。精神分析の技法論を著したグリンソン（R. Greenson）は「作業同盟」という用語を用いている。両用語の意味する強調点は異なってはいるが，精神分析が協働のものだという点では一致していると思う。契約が一方的だと，患者／クライエ

ントは，あいまいなままで自分勝手な期待を作り出して「こうゆうことをしてもらえるだろう」と思い込みやすい。一緒に，ある方向に向かって歩き出すという設定が必要と思う。もちろん，面接をしているうちに，中心的な課題が明らかになっていき，治療の目標が変わるということは十分考えられることで，その時には，再びそれについて話し合うとよいだろう。

　では，その治療契約の心理的な意味はどのようなものだろうか。

　そこには，患者／クライエント固有の意味付けがなされる。約束をしたことで信頼感がもたらされ，自分のことに本気でかかわってくれる人がいるという信頼ができる。また，護られた空間が確保されるという安心もある。自由連想（精神分析は自由連想を基本にしている）というのは，「枠」なしで話すことなので，大変不安になるのだが，この空間であれば護られていて，どんな内的世界の話をしてもよいという安心がもたらされる。一方，「枠」があることは，縛られているとの思いが生じるものでもある。それゆえ，遅刻やセッションを休む，時間が来ても終わろうとしないといったことで，その「枠」を壊す試みがなされる。校則を破ることで，学校という体制への不満を表すのと同様で，「枠」を壊す試みは，治療者への不満の表現でもあり，「枠」があるからこそ，この不満を取り扱うことが可能となる。

1. 面接時間の設定

　1回の面接時間はおおむね45分あるいは50分に設定される。この時間枠を金科玉条のごとくする必要はないが，この時間設定より短いと内的な話になりづらく，防衛を支持してしまうと言われている。しかし，重篤な精神病の人では防衛を保てなくなることは生命の破綻をきたす危険があるので，時間設定を短くする必要も出てくるし，逆に治療関係に入りにくい人の場合には，長くとらないとならないこともあるだろう。ただ，時間設定が長くなると，適切な治療的距離が保ちづらくなると言われている。余談だが，座禅を組む時は，線香1本が燃焼する時間行うが，それがおおむね45分から60分という。人間の内的思考への集中力は，おおむねこの時間ということなのだろう。いずれにしても，決めた時間設定を動かさずに維持することが大事となる。

　週に数回の面接が設定されるならば，同じ時刻からの開始が望ましいとされている。時間を決めることには，対象恒常性，治療者側の恒常性，実用的側面（アポイントの調整），精神機能の疲労度といった意味がある。

面接頻度は，少なくとも週1回は確保される必要があるだろう。週4回以上の面接を精神分析，それ以下の面接を精神分析的精神（心理）療法と呼んでいるが，週1回で行うことは，馬力の小さな車を一生懸命走らせているイメージだと藤山は言っている。フロイトは週6回，軽い患者は週3回と言っており，「これ以上の時間の切りつめは医師にも患者にもなんら利益をもたらさない。（中略）少しの中断でも仕事の効果をいくぶんぼやけたものにしてしまう。分析の仕事の時間の頻度がより少ないと，患者の現実生活についていけず，治療が現実との接触を失って脇道にそれるという危険が生じる」（治療の開始について1913）と述べている。2週に1回や月に1回という頻度では，内的なことを語り，理解し，変化するのは難しい。面接頻度が多いほど治療関係性は深まり，内的（無意識的）な空想の理解が進んでいくことは確かだと思う。

2．期間

　精神分析においては，期間を決めることは基本的にはない。無期限である。タイムリミッティドで行う心理療法（森田療法）はあるし，精神分析的な面接であってもブリーフサイコセラピーというのもあるが，精神分析は，症状や問題の消失のみを目的とするのとは異なり，面接を人生の一部としてどう位置付けるかが問題になるため，期間を区切ることはない。終わりをどうするかを話し合うこともまた，その人の内的な空想を浮かび上がらせることになっていくと考える。フロイトは「無時間性について」（1913）の論文で精神分析では期限を切ることはあり得ないと明快に述べている。

3．料金設定

　医療に携わっていると，料金を直接頂戴するということに抵抗が生じやすい文化があるが，料金を支払うということにも意味があり，設定の大切な一部をなしている。保険の範囲なのか，私費なのか。キャンセル料の取決めも必要だろう。休むことにも心理的な意味があり，例えば無駄払いするのは損だからと来室して連想をしていくと，その来たくなかった思いがおのずと語られて治療展開するということがある。また，キャンセル分のお金を請求しなければ，患者／クライエントに罪悪感をいだかせることにもなったり，「勝手に休んだと先生が怒っているにちがいない」と被害的にとらえられたりすることになる。治療者は，その時間をその人のために確保して待っているのだから，キャ

治療契約・契約書

1. 相互の自由意志によって実施され，継続される。
2. 面接セッションの場所の明記。
   頻度，1セッションの時間。それぞれの面接の曜日，開始時刻。
   予約時刻に来室すること。遅刻した場合もそのセッションの時間に含まれる。
   枠組みの変更については，その都度話し合う。
3. 治療者の休暇について。夏と冬の定期的な休暇，臨時の休み，またその伝え方。
4. クライエントの面接欠席の連絡法，キャンセル料金について。（短期・長期）
5. 面接料金の設定。支払い方法。
6. 自傷・他害行為はクライエント自身が責任をもつこと。
   その後の面接についての取り決め。
7. 病状によっては医療機関の紹介をすること，面接中断もある。
8. クライエントは面接を止める自由がある。
9. プライバシーは保護される。但し，生命危機にかかわるような治療上必要な場合には，
   クライエントに了解を得た上で，家族と連絡を取ることもある。
10. 終結は，話し合いのもとで行われる。

図1　治療契約・契約書

ンセル料を支払ってもらうことは正当なことと考えられる。メニンガー（K. Menniger）は，ギブアンドテイクの中身が，技術から知識や教育という無形のものになるほど，それに支払われるのは，時間と労力に対してのものであり，結果に対するものではなくなると述べている。フロイトは「金銭が何よりも自己保存と力の獲得の手段であるとみなされるべき」であり「お金の評価には，強い性的要因がからんでいる」と言っている。この料金をめぐる取り扱いは大変重要となるので，どこでどんな形で支払うのかについても取り決めておかねばならない。

　治療契約を行う際には，文書で行うことが望ましいと考える。そして双方がその契約書を手元に置いておくとよい。図1に示した以外にも，契約事項として，「香水や匂いの強い化粧，たばこ，飲酒をして面接に来ないこと」などを挙げている治療者もいる。

　定期の休暇日程や治療者側のキャンセル，時間変更はできるだけ早く，文書で伝えることが誠実だろうし，そのことに伴う患者／クライエントの空想を扱うことも必要と思う。セッションの中のことは，その患者／クライエントの自

由連想であり，転移としての意味があると理解されるからである。私は，面接の冒頭で手短に行うようにしている。

V　面接空間（外的治療構造）

治療セッティングは，できるだけ外界からの侵襲が少なく，治療者側の変化要因の少ない恒常的な形に保つ必要がある。

あるクライエントは，面接室の隅に小さなオブジェを新しく置いたところ，治療者がそのオブジェにこころを奪われ，自分を見ていないと言って，憤慨した。

ある患者は，置いてある毛布を「柔らかく包みこまれるようだ」と言い，母親との授乳体験を想起したが，別の患者は，それを「ごわごわで掛け心地が悪い」と語って，むずがるように身体をよじらせた。

空間そのものが転移の対象となるために，一定の空間構造を設定する必要がある。外的空間条件に依存度が高い人と自律性の高い人がいるが，恒常的な外

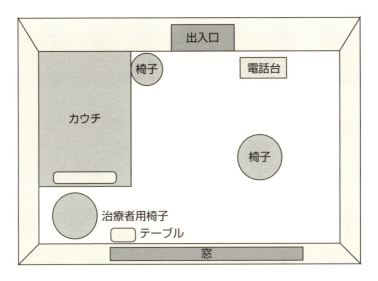

図2　面接室例

図3　カウチと椅子　　　図4　前田重治先生のカウチ

枠があってこそ，分析的接近が可能となると考えてよい。
　面接室は，穏やかな雰囲気の空間を確保する（図2）。
　個人オフィスならば，どんな場所にそれがあるのか（自宅，マンションの一室，エレベーターの有無），医療機関や相談機関であれば，受付や待合室の有無，入院であれば，施設のどこにあって，他の場面で治療者と出会う可能性といったことも考慮する必要がある。
　カウチ（寝椅子）か椅子の使用かは，患者／クライエントが自由に選択してよいと考える。私は，面接頻度との兼ね合いは気にする必要はないと思っているが，学派によっては，病態水準や面接頻度によってカウチを使うことは避けるべきとの見解もある（図3・4）。
　カウチは，催眠のなごりだと言われているが，実際の催眠ではカウチのような寝椅子は使用しないと聞いている。治療者は，横たわった患者／クライエントからは見えないカウチの頭側に座る。治療者の座る椅子は，カウチと同じ高さのものが好ましいだろう。特徴としては，日常との違いを体験でき，治療者の目を気にせずに話せるというメリットがある。逆に，見えない不安も生じる。心身全体を半分リラクゼーションし，半分言語化の活動を続けるという二律背反な構造条件になるが，この姿勢をとることで，内的（無意識的）空想が語られやすい。一方，治療者は患者／クライエントの目を気にせずに自由にもの想いし，逆転移を吟味できる。
　かつて，ライヒ（W. Reich）とフェニヘル（O. Fenichel）がカウチに対して治療者の座る位置について喧嘩したという逸話がある。ライヒは後ろ斜めの位置で，患者の顔や全体が見えるところに座ることを主張した。一方，フェニヘルは，真後ろで全体が見えないところに座ることを主張したという。これは両者の基本的な治療姿勢の違いを表している。ライヒは，治療者が患者を"見る"

図5　90度対面法

ということを重視していて，態度ふるまい分析へと発展させている。フェニヘルは，"聴く"ことに重点を置き，内的世界に沈潜していく姿勢を保持することを選んでいる。初期の分析医が"見る"機能を重視し，次第に"聴く"ことを強調する分析医が増えていったという歴史がある。

　椅子の使用の場合，直視する位置ではなく緊張が和らように90度対面を用いる（図5）。この時，治療者側の椅子は方向が自由になるほうがよいと思う。椅子に座った面接では，日常生活にもとづいた連想が多くなり，現実的な振る舞いや考え方，防衛適応の形式が見えやすい。患者／クライエントは，治療者が見えることでの安心がある一方，治療者の反応が気になりもする。治療者は，見られていることで不自由を感じ，逆転移を吟味しづらくなる。患者／クライエントの投影に晒されやすいとも言われる。しかし，自我の防衛や適応を変えていくことを目的とする面接であるなら，日常生活との対応が見えやすい対面法にメリットがあるだろう。

VI　基本原則

　最後に，基本原則について述べたい。

　フロイトは，禁欲原則として，人生の重大な決定はしないことを挙げているが，それは，面接を開始すると，さまざまな感情が掻き立てられて，その波及効果として――行動化という――，生活場面を変化させようすることが生じるためである。現代においては，長い面接期間の中で，この禁欲原則を厳密に守っ

てもらうことはできないだろう。しかし，面接の中では，治療契約によって確認されているルールを守ること，それを破ることは禁物と捉えること，面接外では，内面で生じる空想や願望，感情を行動の形で解放しないこと，という二重原理の中にいることを確認しておくことは必要だろう。

　そして，何より"自由連想をする"ということが大原則である。フロイトは「頭に浮かんだことは何でもお話しください。（中略）何やかやの理由でそれを話すのが不快だからといって，省いてしまわないでください」と導入し，古澤は「頭に浮かぶことを何でも話してください，というより話さねばなりません。話さなかったら私はあなたの治療を引き受けることはできません。話さないなら精神療法は精神療法でなくなるんですよ」と強くはっきり伝えたという。この教示の強さは，治療者によって異なるようである。前田は，「そこで頭に浮かんでくることを，そのまま言葉にして喋ってください。こんなことを話すのは，つまらない，恥ずかしい，病気には関係ない，不快である，分析者を怒らせるのではないかと思われることでも，そのまま，浮かんできた通りに報告してください」と説明するという。私は，カウチに仰臥した最初のセッションで「こころに思い浮かぶことを何でもお話しください。今感じていること，どんなイメージ，どんな考え，どんな空想，寝ている時に見るどんな夢，こころに映るどんなことでも自由にお話しください。そうすると，今まで気づかなかったあなたのこころのあり方について見えてくるものがあります。私は基本的には，あなたのお話をじっと黙ってうかがいます。時にわからないことを質問したり，私の理解をお伝えしたりすることで，問題をはっきりさせて，あなたがご自分自身について見ていくのをお手伝いします。私がアドバイスするのではなく，一緒に解決の糸口を探していくようにします。沈黙が訪れた時には，その沈黙の意味について私は黙って考えるようにします」と伝えることにしている。

VII　おわりに

　治療の構造は，精神分析的なかかわり，すなわち内的（無意識的）な交流が可能なように，空間的にも治療者としても準備されるものである。いったん設定された構造は変更せずに，その恒常性をいかに維持するかが，患者／クライエントのこころを情緒的に理解していくのに大切となる。この恒常性の維持を心がけながら，精神分析的実践を重ねることが望まれると考えている。

文　献

馬場禮子（1999）精神分析的心理療法の実践―クライエントに出会う前に．岩崎学術出版社．

Bion, W.R. (1967) Second Thoughts. Heinemann Medical Books.（中川慎一郎訳（2013）再考：精神病の精神分析．金剛出版）

藤山直樹（2008）集中講義・精神分析（上）．岩崎学術出版社．

Freud, S. (1913) On beginning the treatment. SE12.（小此木啓吾訳（1983）分析治療の開始について．フロイト著作集 9．人文書院）

Green. A. (1987) On Private Madness. Guilford.

成田善弘（2003）精神療法家の仕事―面接と面接者．金剛出版．

前田重治（2014）新図説精神分析的面接入門．誠信書房．

松木邦裕（2005）私説 対象関係論的心理療法入門―精神分析的アプローチのすすめ．金剛出版．

第8講

聴くことと話すこと
――精神分析での耳の傾け方と言語的介入――

松木邦裕

I　はじめに

　私たちは周りの人たちに耳を傾け，話をする。聴くことや語ることは日常行為であり，それは職業生活でも同じである。私たちは聴くことによって，私たちの援助や臨床の対象となるその人の過去，現在，人とのつながり等を初めて詳しく知ることができる。また，私たちの専門家としての知識や姿勢を伝える手段は，話すことである。

　とはいえ，人によって話す方が得意な人もいれば，聴くほうがよい人もいるだろう。それでも何らかの援助職，臨床家として働いているのなら，その「聴く」，「話す」をその人は職業人としてのそれらにしているに違いないし，その向上を望んでいるに違いない。この講では精神分析の視座から，聴くことと話すことの基本とその向上法を述べる。

II　聴くこと：聴くときの基本姿勢

　討論の場では聴くことだけに終始せず，意見の積極的な主張が求められる。けれども，こころの臨床家は主張したがってはならない。患者／クライエント（以下，患者と略す）の語るところにきちんと耳を傾けることからすべてが始まる。

1．口をはさむのを控える；沈黙を守る

　聴くためには，先に口をはさむのを控えることが肝要である。沈黙の間の悪さに耐えられずに話し始めようとしないことである。

　私たちが話すほど話題は限局され，患者から語られる情報は限られたものに

なる。私たちから問いかけることは，治療者の意図する情報集めとしては有効なように思えるのだろうが，実際にはこころのかなり限られた一部分だけとの表面的な交流に終始してしまう。

　相手がどんなことを話そうとも最初は聴くことに徹することが，こころの臨床家として基本的な訓練である。患者が話し始めるのを私たちが黙って待つことができるなら，彼／彼女はおもむろに口を開き，何かを話し始める。この両者間に今生じている沈黙を破る話し始め方とその内容に，患者のその人らしさが現われる。それは，その彼／彼女についての貴重な情報である。私たちの沈黙が与えてくれるものである。

　まず，沈黙を学ぶ，沈黙から始めるのである。この基本ができていない人は，必要な情報を収める作業の大本ができないため面接の質が上がらない。その後どのような種類の心理的，精神医学的治療技術を専門にしたとしても，小手先の技法に留まる。

2．こころの姿勢と聴くこと

　精神分析的な面接で求められるこころの姿勢は受け身的で受容的なそれである。それは，本質的には支持的であり，感受性は能動的に発揮される。この姿勢は学派によっては，ことばを介さないで情動状態を共有するあり方として「情動調律」と表現されている。その姿勢の下に患者理解を深めるための聴き方が求められる。すなわち，傾聴である。それはどんな症状や徴候があるか，診断基準のどこに該当するかというパズル解読的な聴き方とは明瞭に異なる。

　さて，精神分析に特徴的なこころの姿勢についてフロイト（S. Freud）は，「平等に万遍なく漂う注意」をもって聴くとした。別の表現を使うなら，「ぼんやりしたところを検索するために，しばしば私は人工的に自分自身を盲目に」しておくことである。それをビオンは「記憶なく，欲望なく，理解なく」，「もの想い」と述べた。こころのこの姿勢は分析的な臨床家として経験を積んだ後に目指すところである。

　聴くことは，言葉，人，空気についての広義の観察であり，観察は問いを生み，答を急げば，観察が怠られる。土居健郎は「「わからない」と問いの発見を大切に」と述べ，自然な好奇心の大切さを述べた。同様のことはビオンも「精神分析は，わからな

写真1　土居健郎先生

いことを人に教える方法ではありません。精神分析は，何かを発見するためのさらなる問いなのです」（Bion, 1975）と述べている。

III 何を聴くのか

面接室で患者に耳を傾ける時，私たちは何を聴こうとしているのだろうか。

こころの臨床の専門家として私たちが傾聴するときに，語られていることの質は，およそ6つに分けられる（松木, 2016）。それらを提示し解説する（表1）。

1．語られているその内容を聴く

この質の聴き方はすでに学校教育で馴染んでいるものであり，普段の生活で意識せずとも私たちは実践している。これは，語られる内容の正確な把握をめざす時の聴き方である。この聴き方で患者の情報伝達の正確さや細やかさの質とその不全に気づく機会を得る。コミュニケーションや知性に障害がある可能性と質を推測できる。

また，内容からはその患者が意識的水準で認識している，苦痛や不安の質とその原因という因果関係を聴くことができる。それはその彼/彼女自身が創ったストーリーを聴き取ることでもある。

大事なことは，この聴き方に集中しすぎないことである。これから述べる5つの質の聴き方のためのスペースをこころに準備しておくことである。

表1　耳を傾ける語りの6つの性質

① 語られているその内容を聴く
② 語りの形式や形態を聴く
③ 語られていることばの思考水準を聴く
④ 語られているその話し方を聴く
⑤ 語られていることの含む無意識の文脈を聴く
⑥ 語られているときの自分の中の声を聴く

2．語りの形式や形態を聴く

　この聴き方はその患者の思考の精神病理を把握するのに有用である。主語から述語に至るまでの日本語の文法形式が整い円滑に語られるかに着目する聴き方である。

　例を挙げると，整ってないときには思考の制止，途絶，迂遠，反復，奔逸等があろう。文法的には整っているが，話が止まりかなり間を置いて再開するのは，抑うつに見られる思考制止である。一方，話が唐突に止まり，再開時には文法的には整わないところから始まるなら，統合失調症の思路の途絶を疑わせる。迂遠や反復は強迫状態に，奔逸は躁病に見られる。

　また，語られる文章の形態が疑問形，断定的，曖昧，主語が不明等，反復される文法上の特徴に気づくことがある。パーソナリティの質を知る資源になる。

3．語られていることばの思考水準を聴く

　日常生活でのことばの使用では，私たちは抽象水準の思考を使う。しかし，「バカ」と怒鳴っているなら，それは感情の排泄を目的とすることばの使用であり，思考は具体水準のものとして吐き出されている。具体水準の思考は精神病やパーソナリティ障害に使われる。また，解離状態のことばは，象徴を使って表現しているものと，語る姿という視覚像とその場面の物語り的展開とを組み合わせて初めて意味を成立させる夢思考水準の思考である。思考水準の聴き分けは，患者の病態の把握に有用である。

4．語られているその話し方を聴く

　これは発言内容から離れて，発語時の非言語的要素に注意を向ける聴き方である。声のトーン，リズム，抑揚，力，間が認識されよう。また情緒的なモードとして無機的，軽い・重い，硬い，圧迫的，敬遠的，親しげ，警戒的等に気づかれる。それらの非言語的側面は，その患者の感情や不安を伝えている。発言内容とこれらの非言語的側面を重ねる聴き方が患者理解を深める。

5．語られていることの含む無意識の文脈(コンテクスト)を聴く

　この聴き方こそが，精神分析に特異な聴き方である。語られていることばや表現法に含蓄されている象徴やメタファに着目し，意識的な発言に随伴している無意識的内容を理解する聴き方である。たとえば，患者が自分の子どもの担

任教師の子どもへの接し方についてコメントしているなら，それを現在の治療者の接し方にコメントしている可能性として聴くことが求められる。教師へのコメントは彼／彼女が無意識に治療者に向けて語っていると聴くのである。

精神分析的な治療者であるためには，この聴き方の上達が望まれる。ただし，それはその折の転移の文脈を十分踏まえて理解されないと，陳腐なステレオタイプ的理解になってしまう。

6．語られているときの自分の中の声を聴く

患者の語りに耳を傾けている時，私たちの中にさまざまな考えや感情が湧き上がる。精神分析でいう「逆転移」あるいは「もの想い」である。それらが発言の形態として浮かぶことは少なくない。私たち自身の発言としてこころの中に浮かぶこともあれば，他者の声，たとえばスーパーバイザーの声として聴き取ることもある。それは，超自我の声として戒めているときもあれば，私たちの真の感情を伝えてくるときもある。また，直観的な理解のときもあろう。私たちの内なる声にも耳を傾けるのである。

実際に耳を傾けている時には，私たちに知覚されるこれらの性質のどの質に焦点づけして聴くというものではない。受容的に傾聴しながら，私たちの中で注意が向いたものを聴くのである。

Ⅳ　支持的な聴き方の4つのステップ

述べてきた傾聴を身につけるには，どのような聴き方が私たちに求められるのだろうか。何より私たちを，受容されて自由に語れることのできる相手と患者が感じる聴き方が私たちに求められる。支持的な聴き方と言われる傾聴技術である。

実のところ，支持的な聴き方は簡単でもなければ，職業生活を営んでいれば自然に身に着くものでもない。そこには専門職として修得すべきことと踏むべき手順があり，それらを着実に踏まえることで達成される（松木，2015）。そして，その達成はより深い患者理解を私たちにもたらす。この支持的な傾聴法を確実に身につけて，それから精神分析的な聴き方を学ぶとよいだろう。

その支持的な聴き方を身に付ける手順をここに示そう。以下の4つのステップに分けて紹介する（表2）。

表2　支持的聴き方とその手順

ステップ①	患者から語り表されることを，そのままに受け取り，そのままついていく	
ステップ②	患者から語り表されることを，離れて，客観的に聴く	
ステップ③	患者から語り表されることを，私たち自身の体験・思いと重ねて味わい聴く	
ステップ④	患者から語り表されることに，私たちと同じ感覚(フィーリング)でありながらも，その細部に生じているずれを感じ取る	

聴き方ステップ①　基本的な聴き方：相手の思いになる聴き方

　第一のステップは，患者の語りをそのままに受け取り，そのままついていくという傾聴法である。患者が治療者によって支持されていると感じる，共感と受容の入り口となる。

　日常の会話では，相手の語ることを聴きながら，話の内容を明確にしようと訊き返したりする。ときには，話をさえぎって批判や疑問を口にすることもある。こうした二者の相互交流によって日常的な会話は成り立つ。しかしながら，臨床面接での基本は異なる。聴いている私たちの中に湧いてくる疑問や批判に一切とらわれず，語り表わされることをそのままに受け取り，忠実についていく。私たちは，彼／彼女の話に刺激されて浮かんでくる私たち自身の思考や感情の流れをひとまず横に置かなければならない。そうして，何ら抵抗することなく，ただ没入して，彼／彼女の思いにそのままついていくのである。

　この聴き方は，私たちが聴きながら，自分自身を空(くう)にし，語っている彼らの世界に我が身を置き，彼らその人自身になりきることである。ちなみに英語では，「他者の靴に足を入れる」と表現される。

沈黙を学ぶ

　この最も基本的な聴き方を身に着けるために大切なことは，患者の発言に反応して，感情が高まってつい言ってしまった，ということを極力しないことである。合槌(あいづち)や頷(うなず)きは挟むとしても，できる限り，ことばは挟まないで沈黙を守るのである。これには，おのれの発言を意識的に制御するという訓練が求められる。

スポーツや習い事には必ず最初に学ぶべき基本の型があり，それを初心のときに十分にマスターしておく必要がある。この聴き方がその基本の型にあたる。

聴き方ステップ②　客観的に聴く

ステップ①を身に着けた上で，私たちは次のステップに進む。それが，ステップ②患者の話に客観的に耳を傾けることである。

患者の語っていることは，患者その人にとってはまがいなき事実である。このことは何より尊重されねばならない。それが，私たちがその患者を支持することの根本に置かれる。この尊重を具現化した方法が，ステップ①の聴き方だった。

しかしながら，患者が語るこの事実を客観的事実として位置づけるのではなく，それはその人自身にとっての事実，すなわち心的事実，主観的事実として位置づけられるものであることは認識しておかねばならない。ゆえに，私たちに求められる次のステップは，私たちは相手の立場と思いになって耳を傾けながらも，「それは，その人にとっての心的事実である」という視点も確保されることである。

「……と，この人は思っている」

実際の聴き方としては，彼らの話に真摯に耳を傾けながらその彼らの立場と思いになったところで，私たちの頭の中で「……と，この人は思っている」，「と，この人は体験しているのだ」と患者の発言を括弧に収める。「　」の分だけ距離を作ったところからその人を見る視座を併せて持つことである。それによって心持ち離れたところに私たちは置かれる。

このステップでの重要なポイントは，彼/彼女の語っているところを主観的な事実と認識する視座も保持することであって，そこに私たちの常識や知識を持ち込んで比較対照することではない。私たちの常識や知識が浮かぶとしても，批判的に対比せず，ただ参照にとどめるのである。

二つの自己：二つの視座から聴く

重要なのは，患者に同一化し彼らの主観にそのまま重ねられた視座と，客観的にとらえる視座という二つの視座を併せ持って聴くことである。この形の自己の二分化は，臨床家として私たちが達成すべきことの一つであると私は考える。

この二つの聴き方のほどよいバランスの確立には修練が必要である。誰もが

どちらかに偏りがちであるため，自分のくせを知って偏ったバランスを是正していく必要がある。

聴き方ステップ③　私自身の体験，思いと重ねて味わい聴く

　三番目に位置するこの聴き方は，こころを理解するために重要であり，私たちを無二の専門性を有する者にしてくれる。しかし，そうであるがゆえに，この聴き方の達成には相当な困難が伴う。なぜならそこには，私たち自身の感情——とりわけ，触れたくない苦痛なもの——に触れていくことが前提として求められるからである。

　その方法とは，耳を傾け，添っているその彼／彼女が語っている体験を自分自身の体験として味わうことである。つまり，患者が表出している思いや感情に耳を傾けながら，それらの思いや感情と同じか，それらにできるだけ近似する自分の思いや感情に触れていることである。

　たとえば，ある患者が'死んでしまいたいほどの絶望'を語っているのなら，彼／彼女のその語りと思いにそのままついていきながら，それに並行して，私たちは自らの中に存在する'死んでしまいたいほどの絶望'にも触れるのである。そうした喪失や挫折を体験し強い絶望を抱いたそのときの感覚(フィーリング)，思いを，私たちの中でヴィヴィッドに想起するのである。そこには当然ながら，そうした絶望を抱いたときの場面や状況，対人関係の展開も思い浮かぶであろう。その患者の話に耳を傾けそのままついていきながら，この感情を私たちの中に生(なま)に想起している時，私たちは初めて'死んでしまいたいほどの絶望'を抱くということがどんなことかを実感できる。

聴き方　ステップ①との違い

　この聴き方は，「患者が語り表すことをそのままに受け取り，ただそのままついていく」というステップ①の聴き方とは異なる。ステップ①の聴き方は，その患者の思いになりきってしまうというところで，私たち自身は空である。言い換えると，そこで感じられたり考えられたりすることは，彼／彼女のものであって，私たち自身としての体験感覚は希薄である。希薄にしておくことこそが，この聴き方に求められている。

　しかし，このステップ③，彼／彼女のそれらの思いや感情や感覚(フィーリング)と同じ質の私たち自身の中の思いや感情に触れているという聴き方は，私たち自身がその感情や思いの生の衝撃を体験していく聴き方である。'死んでしまいたいほど

の絶望'を抱いているのだと患者の思いに添うのと、その患者の'死んでしまいたいほどの絶望'を聴きながら、私たちの中の'死んでしまいたいほどの絶望'の思いに触れていることで、その彼／彼女はこのような思いなのだと実感することでは、その質は大きく異なっている。

患者の思いを'死んでしまいたいほどの絶望'と述べたところに、たとえば'殺したいほどの激しい憎しみ'、'自分を殺したいほどの罪悪感'、'死ぬまで忘れられそうもない恨み'、'消えてしまいたいほどの恥ずかしさ'、等のさまざまな思いをあてはめることができるであろう。

この聴き方が私たちにできて、それを内包した理解が患者に伝わったとき、彼らは自身のことを深いところで理解され支持されたと感じる。専門的な支持とは、このような、感情が生きて収められている理解が達成するものである。

事前に自らの思い・感覚に触れておく

この「自分自身の体験と重ねて味わう」ことができるには、その患者との出会い以前に私たちが自らのそれらの思いにすでに触れており、それらを事前に意識化して馴染んでいなければならない。たとえば、私たちの中に'自分を殺したいほどの罪悪感'、死んでしまいたいほどの絶望'といった思いがあることを知っており、それらの思いがどんなものであり、さらにそれらの思いからどんな感情や考えが派生するのかをあらかじめ知っておくことなのである。それらの考えや思いを準備態勢に置いておくことが求められる。

自らが触れることができたこころの深みまでしか、他者は理解できない

私たちは、私たち自身の思いの範囲内でしか、患者のこころに触れられない。私たちの専門性の厳しさはここにある。私たちの中に嫌悪感や恐怖や劣等意識があって、それらの感情や思いに私たちが自分自身の中で触れられていないところには、まさにその思いにその患者が苦しんでいる時に、それが私たちにはわからないのである。

聴き方ステップ④　同じ感覚(フィーリング)にある、我彼のずれを語りの細部に感じ取る

そうして、ステップ③「私自身の体験、思いと重ねて味わい聴く」から派生している次の聴き方ステップ④がある。

この聴き方ステップ④「同じ感覚(フィーリング)にある、我彼のずれを細部に感じ取る」が、支持的な聴き方でのもっとも熟成した到達点であろう。ステップ④では、その患者の思いや感覚(フィーリング)、思考をそれとして実感しつつ、同時に、私たち自身の思い

や感覚, 思考との間での差異を精密に吟味するという, 分割された視座を私たちは作る。

聴き方ステップ①とステップ②でも, 二つの異なる視座を並行して維持することを述べたが, それらの聴き方とは, 深さと細やかさが異なる。私たちの中のそれらと共通する感覚や感情に触れ, かつその共通感覚との微妙な違いも感知していくのである。

ステップ④は, そのステップ①と②を達成し, ステップ③において, 私たちの中の同じか近似した感情体験によって彼／彼女の思いを実感したとしても, それは, たとえば概念化したときには'侵入してくる支配者への強い恐怖', '母親への深い悲しみ'と感じられても, 完全に同じものではない。その感情や思考の細部は異なる。その感情が向けられる対象やその主たる感情から派生的に生まれてくる感情や思考の性質, そしてそれらの流れる速度や方向, 深さ, 広がりに, とても微妙に, ときには明瞭に違いが認められよう。その違いやずれは, 一方で私たち自身の中で独自に展開する自らのこころの動きのプロセスを細やかに吟味しながら, その人の思いや思考の繊細な動きにそのままついていくなら, 自ずと浮かび上がってくる。その違い, ずれを繊細に感知し, そこに自然に生まれてくる問いを吟味していくことが, その患者その人の主観的な世界での独自な在り方を, 私たちの内側から理解することをもたらしてくれる。

ここまで支持的な聴き方を4段階に分けて述べた。これらのステップは, 聴き方を学ぶための段階である。実践ではこれらの聴き方を状況に応じて自由に使い分けるのである。ただし, この使い分けは, 4つのステップをマスターして初めてできる。

これまで述べてきた支持的聴き方を俯瞰してみるなら, 支持的な聴き方にも十分な深みがあることと, そのために必要な訓練があることが理解されたであろう。

V 精神分析的な聴き方

その次の段階として精神分析的な聴き方を学ぶことになる。それは次の表に示す（表3）。ここでは基礎講座の範囲内で簡略に紹介する。

表3　精神分析的な聴き方

> ステップ⑤　無注意の聴き方
> ステップ⑥　平等に漂う注意をもって聴く
> 　　　　　　二つの「平等に漂う注意」という実践方法
> 　　　　　　　　　A．平等に漂う注意を向ける聴き方
> 　　　　　　　　　B．平等に漂う注意を向けない聴き方

写真2　前田重治先生

写真3　ウィルフレッド・ビオン

聴き方ステップ⑤　無注意の聴き方

　この聴き方でまず心掛けることは，これまで提示してきた支持的聴き方ステップ①から④までをひとまず脇に退けておくことである。フロイトがルー・アンドリウス・ザロメ宛ての手紙に記したように，「あえて，自分を盲目にする」のである。ビオン（W.R. Bion）の表現を使うなら，「記憶なく，欲望なく，理解なく」聴くのである。それは，注意を向けるときの背景にあるこころの活動——覚えている，わかろうと欲する，わかる——を停止させることである。ビオンは「できるだけ真っ白に近いこころで」面接に臨もうとも表現している（Bion, 1976）。また，前田重治の表現では，「無注意の注意」でもって聴くのである。

　ここでは聴き方が，これまでの「傾聴」と表現される能動的な姿勢から受動的な姿勢に代わる。すなわち，聴き取ろうとすることをやめ，無心のこころで

流し聞くという聴き方になる。「身を控えた受身的な聴き方」とも表せそうである。患者の思いを理解するために徹底して耳を傾けている姿には，後には意識されない形になるにしても，意識的な積極性があるのは明らかであるし，彼らと一体化する，もしくは私たちの思いを重ねる姿勢にも能動性が含まれている。それらの聴き方を，私たちの前意識あるいは無意識に置いておくのである。

　私たちがさほど臨床経験を積んでいない時期には，私たちは面接前に前回の面接記録を丹念に読み返したり，スーパーバイザーのコメントを思い起こして，これから始まる面接に臨むという姿勢を保持しているだろう。あるいは，そのケースに関連がありそうな先達の著作を読み返すとか重要な論文に目を通すことをしているのかもしれない。この勤勉さは，まだ経験が少ないうちには学びの姿勢としてとても大事である。しかしながら，専門的な力量を高めていった過程で，この方法を放棄する時が来る。ここに示しているのが，その時期に取る姿勢である。

ステップ⑥　平等に漂う注意をもって聴く

　そのステップ⑤が達成されたところで，次のステップ⑥に進む。それはフロイトが精神分析での聴き方として提示した「平等に漂う注意をもって聴く」という聴き方である。それは，気持ちを宙に浮かし漂わせた聴き方であり，そして，その背景として，意図してではなく，必要に応じて，これまでに獲得した聴き方が自主的に働くように準備しておく。

　「平等に漂う注意をもって聴く」を実践するに際しては，その二種を示したい。

　その一つは「平等に漂う注意を向ける聴き方」であり，もう一つは「平等に漂う注意を向けない聴き方」である。

　前者の聴き方「平等に漂う注意を向ける聴き方」は，患者に耳を傾けながら，暗闇を万遍なく照らして回るサーチライトのように，前意識的な心的活動としての注意を，自由に差別なく漂わせることによって，患者の無意識的な不安や感情を感知していく方法である。

　後者の聴き方「平等に漂う注意を向けない聴き方」は，注意という心的活動はまったく宙に浮かしたままにしておき，こころの自生的な働きから出現する直観によって，患者の無意識の事実そのものを感知しようとするものである。前者は注意の自由な回遊による探索であり，後者は注意を宙吊りにしての直観的理解である。

A．平等に万遍なく漂う注意を向ける聴き方
サーチライトというメタファ
　実践方法としての"平等に漂う注意を向ける聴き方"は，次のようである。
　この聴き方では，注意にある意図性は前意識にとり置かれている。私たちの注意は特定志向を持たないままに浮遊し旋回し，その差別なく自由に漂っている注意に，ふとあるところで何かがひっかかること——その何かが能動的な注意を引っ張り出すこと——で，患者の無意識のこころの感知が始まる。
　ここではサーチライトが注意のメタファである。無意識という広い暗闇の空間を自由に浮動し回遊しているサーチライトの灯かりが注意である。そしてその灯かりがキャッチする何かとは，患者の無意識の不安や怒り，悲しみ等の感情である。こうして感知された不安や感情を取掛かりにして，彼／彼女のこころをより深く理解するその糸口が見出される。

理解のための作業プロセス
　不安や感情の感知に続く治療者の行う患者の無意識のこころを理解するためのいささか構造化された作業プロセスとしては，その不安や情動を中核に置く彼／彼女の無意識的な思考・空想・感情の文脈（コンテクスト），さらには対象関係の形状（コンフィグレーション）を読み取ることである。それから続いて，それらが成り立たせているダイナミックな無意識の物語り（narrative）的展開を読み取ることを進めていく。このようにして彼らの無意識的空想／内的対象世界，すなわちこころ全体を理解していく。

B．平等に漂う注意を向けない聴き方
　もう一つの実践方法，すなわち，平等に漂う注意を向けない聴き方を述べる。
宙に浮く
　"平等に漂う注意を向けない聴き方"は，注意を漂わせておき，どこにも向けない。注意はその意図性をまったく残さず，宙に浮いたままに置かれる。後年ビオンは精神分析での聴き方を語る中で，「知の灯りを落とします。……真っ暗闇の状況にごく薄い灯りが，やがて見え始めるのです」と表現した（Bion, 1970, pp.41-54；1974, p.37）。言ってみるなら，この方法は，注意という意識的前意識的活動はまったく宙に浮かしたままにしておき，面接者の五感のどれかを自生的に働かせることでの意識化に至らない，こころのあるがままの働きによって，面接室の中で患者の表わす現象全体を感知しようとする。

そして，そこで感知されたものは，そのままにもの想いreverieの中に漂わされる。感知されたそれらはそのまま宙に浮いたままである。こうして，次の何かが起こるかもしれないことを待つのである。

「選択された事実」の直観

そこで起こること，その理想的な進展を述べると，次のようである。

聴いている治療者にあるときまったく突然に，患者が表わしている現象全体から彼らのこころについての「選択された事実」が直観される。すなわち，そのとき，関連を持たないままに感知されてきていた現象の一群が，突然の直観のうながしによって繋がりのあるひとまとめにされて，以前は有していなかった意味を持つ概念に収まる。

この「選択された事実の直観」を通して，私たちは患者の無意識のこころを知る。端的に言えば，この聴き方は宙に浮いたままの注意から一挙に理解へと進む方法である。

その実際

ほとんどすべての精神分析臨床家は，分析の進展状況に応じて二つの聴き方のどちらも使用しているであろう。

A. 平等に漂う注意を向ける聴き方

この聴き方は，精神分析的精神療法/心理療法に向いている。すなわち，面接構造の設定はより柔軟でありうることがある。対面法を用い，面接頻度も少ない外的設定での面接においても実践しやすい聴き方である。端的に言うなら，週に1，2回の頻度の面接セッションと対面法という設定での精神分析的リスニングはもっぱらこの聴き方になるであろう。対面法では，目の前にいる患者からいつも見られているゆえに，私たちが心身ともに緊張を維持し，注意を必要に応じて意識的に作動させないわけにはいかない。そうした境遇において平等に漂う注意を向けない聴き方を維持しようと無理に努めるよりも，前述した，理解のための構造化された作業プロセスを含めた，平等に漂う注意を向ける聴き方を実践することは自然な姿であろう。

B. 平等に漂う注意を向けない聴き方

この聴き方が実践されるためには設定が重要である。すなわち，精神分析本

来の設定である。カウチを使用してその背面に面接者が位置すること，頻度の多い面接セッションを維持することである。この外的設定，つまりその患者と週に4回，5回と濃い濃度の会い方を繰り返す一方，見られていることを意識する必要がないところから患者に耳を傾け，彼らのみならず面接室全体を観察でき，自由にもの想いに入ることができる設定は，平等に漂う注意を向けない聴き方を保持しやすくしてくれる。そこに内的設定として，もの想いのこころを設ける。流れる時間にそれとなく観察を繰り返していく中で，ある日ある瞬間，直観がもたらされるであろう。

　ここまで，精神分析での聴き方を述べてきた。臨床ヴィネットを含めて，くわしくは拙著『耳の傾け方』（2015，岩崎学術出版社）を参照いただきたい。

　続いて「話すこと」に進む。

Ⅵ　話すこと——精神分析での言語的介入——

1．話すことにかかわる三つの行為

　話すことにかかわる行為は三種類である。話す。相槌を打つ。黙っておく，である。ここではまず，後者の二つ，相槌と沈黙について述べる。

　相槌についてであるが，精神分析場面で相槌を打つか打たないかは，治療者の選択による。どちらもありうるわけだが，要は打つ，打たないというどちらかを選択した以上はそれを維持することであり，患者へのその影響を観察し考慮することであろう。ちなみに，私は相槌を打つ。

　沈黙についてはすでに「聴くこと」部で触れている。沈黙を学ぶことは話すことにおいても不可欠な学習である。ここでは対照的な二つの箴言を提示するにとどめる。「沈黙は金なり」と「沈黙は愚者の知恵」である。それらは分析臨床場面で使い分けられるものであろうが，沈黙を，患者における，他罰・被害的な沈黙（PS）と自責・現実直視の沈黙（D）の二種に分けたとき，前者は後者に較べ，治療者の沈黙より言語的な介入を必要とする事態かもしれない。

2．話すということ

　話すことは，本来的には行為である。話す内容は，ことばを選び，文法に従って適切に表現することで伝達され得る。ただ，話すことは行為であるので，間，リズム，イントネーション，声の大きさと強さ，感情の質と湿度，相手との距

離感，場の空気等の非言語的要素によっても伝わり方が変わってくる。さらに面接が対面法の場合は，治療者の容姿や身なり，表情や身振りが加わる。このようにして見ると，非言語的対応の役割には大きなものがある。これらの非言語的対応に丹念に目配りをして「話す」という行為はなされる必要がある。

ここでは私たちの非言語的対応に大きく影響すると考えてよい，感情的姿勢のみを取り上げる。もちろん，上述した非言語的対応はどれもパーソナルに自らのあり方を検討する必要があるものだが，それらについては成書を参照にしていただきたい（松木，2016他）。

私たちの感情的な質は，およそ三種に分けられる。

慈愛的・同情的な姿勢は愛情を背後に置いている。中立的・探究的な姿勢は知ろうとすることを背後に置いている。最後に，被害的・他罰的な姿勢は憎しみを背後に置いている。それが精神分析的な臨床であるなら，二番目に挙げた感情的姿勢が望ましい。最後の憎しみからの被害的・他罰的な姿勢が望ましくないのは誰もが分かることであろう。しかし，なぜ慈愛的・同情的な感情が好まれないのかは不可解に思う人もいるかもしれない。理由は，愛情はややもすると事実を見つめる時の視界を曇らせるからである。転移性恋愛が好ましい状態ではないことはよく知られているだろう。面接の場は愛情を充足するところではなく，私たちは患者とともに，その彼／彼女のパーソナルな事実を見ることをめざしている。

Ⅶ　ことばによるさまざまな介入

精神分析では，ことばによる働きかけに最大の意義と注意を払う。ことば，その表現法，そのタイミング，そのムードは厳密に選択される。治療者の技量としてそれらを的確に実現するには訓練が必要である。スーパービジョンはその代表的なものである。また，自らが体験する個人分析はまさにそれを体感する機会である。

ことばによる介入は，精神分析の視点からは三種に分類できるであろう（表3参照）。すなわち，治療的介入，非治療的介入，反治療的介入である。改めて説明するまでもないが，後者二つは望ましくない介入技法である。これから提示とは順を入れ替え，非治療的介入，反治療的介入，治療的介入の順に解説していく。

表4　治療的介入，非治療的介入，反治療的介入の実際

> ①治療的介入
> 　　解釈
> 　　注目のための介入（明確化，直面化）
> 　　探究のための介入
> ②非治療的介入
> 　　保証／安心づけ
> 　　暗示
> 　　自己開示の発言
> ③反治療的介入
> 　　指示
> 　　批判・非難
> 　　説得
> 　　教育
> 　　言語化に代わる行動化

1. 非治療的介入

　非治療的介入には，保証／安心づけ，暗示，自己開示の発言が挙げられる。
　保証や安心づけとは「もう，大丈夫ですよ」とか「よくなるまで一緒にやります」といった安心感を強力に与える技法である。また，暗示は「ほら，よくなっていますね」，「まもなくいい兆しが現れますよ」，「これで楽になってくるでしょう」と強力な示唆を与える技法である。これらはきわめて強力な情緒的な押し付けであり，陽性の人間関係を基盤にして初めて有効であり得る。言い換えれば，その関係が陰性なら基盤は失われている。しかし，現実の治療関係は陽性と陰性の揺れ戻しで構成されている。ゆえに，効力が失われたときには治療者その人への信頼も危うくなる。
　自己開示は治療者自身のパーソナルな事実や見解を開示する技法である。自身の家庭的状況，趣味，政治的な思想や宗教等を話したり，たとえば，「あなたは〇〇で苦しんでおられますが，かつて私も〇〇に苦しんでいました」と伝えることである。それは陽性に働くかもしれないが，治療者と対立したり批判的な見解を患者が抱いている場合には陰性に作用する。また，治療者自身がパーソナルにどうあるかは精神分析的な治療の本質にはかかわらないことである。
　これらの介入技法に共通するのは，陽性の関係を基盤にしていることである。

しかし，臨床場面ではそれらが脆いものであることは周知であろう。それでも，陽性の関係を恣意的に作り維持しようとするなら，その関係はにせものになる。また，陰性の関係こそが取り扱われねばならないものである。

　もう一つは，これらの発言は治療者でなくとも，患者の友人・知人からすでに聴いただろうことである。この意味で非専門的なのである。

2．反治療的介入

　この介入には指示，批判・非難，説得，教育が挙げられる。指示はその患者本人に成り代わって判断し，その実行を促すことである。説得はそれをより強力に促す態度である。それらは，患者自身の主体的な自己探求に反する介入技法である。批判・非難については述べるまでない。患者自身の主体的なものの否定である。教育はすでに確立された考えを刷り込む方法であるから，これもやはり患者自身の主体性を損なうのである。

　これらの介入はその患者が自分自身を見つめ考えるようにするのではなく，治療者が与えた考えを行動に移すよう促すものである。それは言語化に代わる「行動化」と精神分析で呼ばれている反応を容易く引き起こしかねない。これらの理由から，反治療的と考えられるのである。

3．治療的介入

　最後になったが，精神分析でのことばによる有用な介入技法に触れる。それは「解釈」に代表されるが，「明確化」や「直面化」と呼ばれる注目のための介入，問いを発するという探究のための介入が補助的なものとして加えられる。ここでは解釈を主に述べるので，その前に補助的な二つに触れておく。

4．注目と問いの介入

　患者にあるポイントに目を向けることを意図した介入が，注目のための介入である。それはおよそ「明確化」と「直面化」に分けられる。明確化とは，患者が語る中に重要と思われる考えが漠然と述べられているとき，治療者がその考えに伴っている感情を浮かび上がらせる介入である。言わば，患者が前意識的には認識しているだろう感情や思考を意識水準で認知させる技法である。たとえば，「あなたが今日話してこられたことは，"拒絶されている"という絶望的な思いのように思われます」といった伝え方である。

一方，直面化は患者があまり意識したくない葛藤や感情や不安にはっきりと目を向けさせることを目指す言語的介入である。たとえば，「前回は彼とうまく行っていると語られていましたが，今日は，彼からの強い拒絶を語られています」と伝えることである。このように直面化が明確化よりも患者へのインパクトが大きい。

もう一つである注目のための介入は，治療者による「問い」の発声である。問いはその訊ねる箇所に目を向けさせることでもある。それはその箇所への注目と再考を促すものでもある。

これらに共通するのは，解釈とは異なり，患者の無意識の思考や感情とそのダイナミクスを意識化することよりも，その前ステップと呼べそうな働きかけを意図しているところにある。つまり，解釈を行う準備段階と言える介入技法である。

Ⅷ 解釈

精神分析での中核的な言語介入は「解釈」である。

1. 解釈 interpretation の定義

精神分析的コミュニケーションとは，患者の自由連想と治療者の解釈である。このことが意味することの一つは，精神分析での解釈はそれがことばにされることであって，解釈の一般的な意味が含意するような，単にこころの中に思い浮かべられるだけではない。そこにおいて解釈とは，治療者のことばによって患者の無意識の感情や思考，欲望，知覚，空想等を意識化させる作業である。それは言い換えるなら，治療者が患者に彼／彼女の無意識的なこころの有り様についての理解を伝えることとも言えよう。またそれは，精神分析での今日的な視点からの転移／逆転移を考慮した時，面接室での二人に生じている今ここでの現象を伝えることとも言える。

2. 解釈すること

それでは，解釈することとはどのような手順で進められるのか，その大枠をこれから示そう。

私たちはまず，患者の自由連想に耳を傾け，彼らを観察していく。聴いたも

ののそれからの取り扱い方はすでに示した［「Ⅴ　精神分析的な聴き方　ステップ⑥平等に漂う注意をもって聴く」の中の「理解のための作業プロセス」を参照］。

その後，理解したものを私たちの中でことばに変形する作業につなぐ。それから，それらのことばを連結して，私たちの中で正確に意味を確定する。続く作業として，患者の理解に適うようにことばを変形する。その後，適切に変形されたことばを，時機をとらえて患者に向けて明瞭に発声する。

こうして解釈が患者に与えられる，もしくは，提供される。解釈については，与えると表現するのは，権威的・父親的であり，提供するという表現が受け取るか否かの患者の自由を保証するので好ましいとする考え方もある。

3．解釈をした後の注意点

解釈後に心しておくべきことがある。解釈と解釈後の患者の連想（反応）は精神分析過程を織りなす糸である。ゆえに，解釈の後に患者からどのような反応が出てくるかに耳を傾けることを怠ってはならない。直接の返答,「はい」,「いいえ」があるかもしれない。解釈とは関連がなさそうな連想が続くかもしれない。いずれにしても，患者のことばを発言通りに受け取るのではなく，その発言が含む無意識の文脈（コンテクスト）に耳を傾けるのである。

そこにおいては，私たち自身の解釈に関して，二つの点に注意をしておく必要がある。というのは，解釈は二つの非言語性のコミュニケーションを含むからである。一つは，解釈を作るに際して行った言語化の作業において，その分節化によって排除された，語られなかった思考があることに留意しておくことである。

もう一つは解釈の行為という側面が担う非言語性の思考が伝達されていることへの留意である。私たちはことばで伝えているだけではなく，表情や振る舞いや身だしなみ等を通して伝えているものがある。ゆえに，私たちは発語の分節化をきめこまかにかつ正確に行うことを心掛けるとよい。それがなされることで言語性コミュニケーションが明瞭に識別しやすくなり，自身の非言語的なコミュニケーションが把握しやすくなる。

4．解釈の種類

臨床上の便宜から解釈を分類することもできる。それは相当な数に上るが，ここではその主なものを紹介する（表4）。

表5　解釈の主な種類

- 防衛解釈と内容解釈
- 転移解釈と転移外解釈
- いま・ここでの解釈とかつて・あそこでの解釈
- 再構成の解釈（発生的な解釈）
- 象徴解釈
- 器官言語解釈と機能言語解釈
- 水平解釈と垂直解釈
- 患者中心の解釈と分析家中心の解釈
- 分析的な現象描写の解釈

1）フロイトの解釈：転移解釈，抵抗解釈，再構成の解釈

フロイトは，転移解釈と抵抗解釈，再構成の解釈を技法として述べている。無意識に作動している転移や抵抗を意識化させる解釈が前者の二つである。再構成の解釈は「狼男」ケースで知ることができるが，原因となった幼少期の外傷や心的に大きな意義を持った体験を物語り的に構成して伝える解釈である。

2）象徴解釈

そこでは夢が活用されたりするが，そうした夢に出てきた事物の象徴的内容を取り上げる解釈が象徴解釈である。たとえば，「狼男」ケースの「くるみの樹の上の狼たち」夢の「狼」はフロイトに「去勢の威嚇」として解釈された。象徴解釈は精神分析の創成期には注目された。しかし，それだけではステレオタイプな象徴解釈として陳腐になることは今日知られている。

3）防衛解釈と内容解釈

自我心理学で使われる解釈の区別に，防衛解釈と内容解釈がある。そこには無意識の意識に近い方から取り上げるという原則がある。つまり，防衛の解釈が優先される。その防衛が緩んだところで内容，すなわち，その奥にある無意識の不安や葛藤等という本来の苦痛を引き起こしているものを取り上げるという技法である。

4）転移解釈と転移外解釈

　転移解釈とは，転移という目の前の治療者との間で生じている現象を取り上げる解釈であるが，そうした転移現象が治療者との間ではなく，面接外の人間関係に生じているその様を取り上げる解釈が転移外解釈と呼ばれる。

5）今ここでの解釈とかつてあそこでの解釈

　今ここでの解釈とかつてあそこでの解釈は，上述した転移解釈と転移外解釈と似ている。今ここでの解釈は狭義の転移解釈と言えるものであり，取り扱われる転移現象は現在かつ面接の場での二者に生じているものに限定される。かつてあそこでの解釈とは，字義通り，過去に治療者以外の人物との間で生じた転移体験を取り上げるものである。

6）水平解釈と垂直解釈

　述べてきた転移にかかわる解釈と関連するのが，水平解釈と垂直解釈である。水平解釈とは治療者との間での転移状況と現在という時制での転移外状況をつなぐ解釈であり，時間的には同時間帯，つまり水平である。垂直解釈は転移状況と過去という時制での転移外状況，つまりかつてあそこで，をつなぐ解釈である。

7）器官言語解釈と機能言語解釈

　器官言語解釈と機能言語解釈について述べよう。口，肛門・直腸，性器というのは器官であり，とり入れる・噛む，溜める・排出する，つなぐ・包むというのはそれぞれの器官が持つ機能である。かつては器官をそのまま言語化する解釈が盛んであったが，今日では，機能的な表現が好まれる。しかし，幼い子どもや精神病水準のケースでは器官言語解釈は有用であり得る。

8）患者中心の解釈と分析家中心の解釈

　この種の解釈はスタイナー（J. Steiner）（1993）が提案した。その解釈が患者に焦点をあてた表現で伝えられるか，分析家／治療者に焦点をあてた表現でなされるかを区別するものである。そこには，患者中心の解釈が患者には被害的に受け止められることへの病態水準を考えた配慮が入っている。

9）現象描写の解釈

分析的な現象描写の解釈はビオンが導入しているものである。患者が分析場面において主観的に体験していることを描写的に伝える解釈であり，そこに治療者が患者にどのように体験されているかも含まれる。

5．名の通った解釈

解釈の例として，よく知られている解釈を二つ示してみよう。「変容惹起解釈」と「充ち足りた解釈」である。

1）「変容惹起解釈」mutative interpretation

精神分析においてもっとも著名な解釈である。「標準版」と呼ばれる英語版『フロイト全集』を作り上げたストレイチー（J. Strachey）が1934年に提出した解釈技法である。そこにはフロイトが当時完成しつつあった自我心理学的な見解とクラインの考えが併せて収められている。今日まで解釈を巡る国際シンポジウム等で必ず引用される解釈論である。

簡略に解説すると，次のようである。精神分析の始まりから患者の話に関心を抱き続ける治療者は，神経症的な悪循環に陥っている患者自身の厳しい超自我とは異なる，もっと穏やかな「補助超自我」として機能していく。その補助超自我の位置から，治療者は今ここでの転移解釈を行うが，それはくわしく具体的なものである必要がある。この解釈が「変容惹起解釈」である。

その解釈は，理想的には二相の変化を引き起こす。第一相では，治療者に直接に向かっているエス・エネルギーの量を患者は意識化するのである。続く第二相は，患者はこのエス衝動が蒼古的な空想対象に向けられているものであり，現実対象／治療者に向けられているものではないことに気づく。こうして患者は厳しい超自我に支配されていた神経症から解放される。

ストレイチーはクラインの次の発言，すなわち「解釈を与えるに際しては分析家には克服されるべき極めて特別な困難さがあるべきだ」を引用している。この発言は，解釈を行うことが知的な活動ではなく，治療者に強い情緒な負荷を強いる体験であることを示唆する。

2）「充ち足りた転移解釈」full transference interpretation

ケースメント（P. Casement）が1985年の著書『患者から学ぶ』に提示し

ているものであるが，転移解釈の望ましい姿として描かれている．すなわち，転移解釈のなかに結びつけられている三つの要素，すなわち，（a）患者の現在の生活（b）治療関係（c）患者の過去を一緒に持ち込める解釈である．先ほど解釈の種類として水平解釈や垂直解釈を示したが，その両者を含んだ解釈である．

次のような例が示される．

「あなたは，早すぎる終わり，という繰り返されるパターンに気持ちを向けておられますね．あなたの夫の死，子ども時代のお父さんの死，そして今，私は夫やお父さんを表わすようになってきているようです．というのは，私たちはあなたの治療の終わりに向かっていますから」

主題は「時期尚早な終わりが重要な他者との間に発生している」ことであるが，それが現在の転移外関係での夫，過去の転移外関係での父親，そして今の転移関係での治療者との間でも生じている事態を結びつける解釈である．

IX　おわりに

この講では，聴くことと話すことというこころの臨床家としての基本から精神分析的なそれまでを述べてみた．精神分析的な聴き方と話し方は，理論学習のみでなく，スーパービジョンや個人分析での経験による十分な訓練と修練を経て達成されるものである．その歩みを勇気をもって踏み出されることを期待する．

参考文献

土居健郎（1977）方法としての面接―臨床家のために．医学書院．
松木邦裕（2015）耳の傾け方―こころの臨床家を目指す人たちへ．岩崎学術出版社．
松木邦裕（2016）改訂増補版　私説　対象関係論的心理療法入門―精神分析的アプローチのすすめ．金剛出版．
妙木浩之（2005）精神分析における言葉の活用．金剛出版．

文　献

Bion, W.（1962/1967）A theory of thinking. International Journal of Psychoanalysis. 43;306-310. In Second Thoughts. Heinemann Medical Book.（中川慎一郎訳（2013）

考えることに関する理論．新装版 再考：精神病の精神分析理論．金剛出版）

Bion, W.（1967）Notes on memory and desire. In（Ed. Spillius E.B.）Melanie Klein Today vol.2；17-22. Routledge.（松木邦裕監訳（1967）メラニー・クライントゥデイ②．岩崎学術出版社）

Bion, W.（1994）Clinical Seminars and Other Works. Brazil 1975. Karnac Books.（松木邦裕・祖父江典人訳（2016）ブラジリア 1975．新装版 ビオンの臨床セミナー．金剛出版）

Bion, W.（1976）Evidence Clinical Seminar and Four Papers. Fleetwood Press.（祖父江典人訳（2016）証拠．新装版 ビオンとの対話―そして，最後の四つの論文．金剛出版）

Casement, P（1985）Learning from the Patient. Tavistock Publication.（松木邦裕訳（1991）患者から学ぶ―ウィニコットとビオンの臨床応用．岩崎学術出版社）

Freud, S.（1912）Recommendations to physicians practising psycho-analysis. SE12. Translated（1958）by Strachey, J. Hogarth Press.
藤山直樹編・監訳（2014）精神分析を実践する医師への勧め．フロイト技法論集．岩崎学術出版社．

Freud, S.（1916）Letter to lou anderas-salome 1916.5.25. In（Ed. Freud, E.）Sigmund Freud, Briefe 1873-1939. Fischer Verlag.（生島敬三他訳（1974）書簡集．フロイト著作集 8．人文書院）

Freud, S.（1918）From the history of an infantile neurosis. SE17. Hogarth Press.（小此木啓吾訳（1983）ある幼児神経症の病歴より．フロイト著作集 9．人文書院）

前田重治（2002）精神分析家．（小此木啓吾編）精神分析事典．岩崎学術出版社．

松木邦裕（2015）耳の傾け方―こころの臨床家を目指す人たちへ．岩崎学術出版社．

Steiner, J.（1993）Psychic Retreats：Pathological Organizations in Psychotic, Neurotic and Borderline Patients. Routledge.（衣笠隆幸監訳（1997）こころの退避―精神病・神経症・境界例患者の病理的組織化．岩崎学術出版社）

Strachey, J.（1934）The nature of the therapeutic action of psycho-analysis. International Journal of Psychoanalysis. 15；127-159.（山本優美訳（2003）精神分析の治療作用の本質．（松木邦裕編・監訳）対象関係論の基礎．新曜社）

第 9 講
治療者 – 患者関係

松木邦裕

I　はじめに

　精神分析や精神分析的精神療法／心理療法は，治療者と患者という面接室の中の二人によって進められていくものである。そこに何かの器械，機材が介入することもなければ，身体接触がなされることもない。それはことばを介して，あるいは非言語的なコミュニケーションを通して，もしくはそれぞれの人という側面からの相互交流がなされていく。

　精神分析的な治療において面接室の中の二人——治療者と患者——では，本講座では鈴木が「第 7 講　治療者の基本と治療の枠組み」（125 ページ〜参照）に著わしているように，面接空間の固定化された設定と時間，期間，料金等にかかわる治療契約からなる「外的治療構造」と，治療者における「内的治療構造」という二つの構造が設定される。そして，この構造化が治療者と患者の関係を他の治療や面接とは異なる独自なものにする。すなわち，精神分析に特異な二者の関係が創設され，維持されるのである。

　本講では，精神分析に認められる治療者 – 患者関係の基本的特徴をはじめに述べる。次にはその二者関係に必然的に発生し，精神分析において最も重要な現象とされる「転移」を述べる。続いて，治療者の方に発生する転移，すなわち「逆転移」について解説する。最後に，今日的視点から転移と逆転移を一つのユニット，あるいは共通基盤上のものと認識する見解を紹介する。

II　治療者 – 患者関係の基本的特徴

1. 五つの基本的特徴

　医療的立場からは治療者 – 患者関係，心理臨床の立場からはセラピスト – ク

表1　精神分析での治療者－患者関係の基本的な特徴

> ①精神分析的な面接に特異な外的設定と契約（すなわち，外的治療構造）という固定された枠組みの上に成立している
> ②患者が治療目標となる主体であるという非対称の性質を持つ
> ③外的設定と契約という枠内での患者の自由が保障されている
> ④転移と逆転移が発生する
> ⑤必ず終わる仮の真正な関係

ライエント関係と言い換えることができ，精神分析での治療者－患者関係は幾つかの特徴を備えている。まずそれを表に示そう（表1参照）。

ところで，精神分析の領域では国際的に「分析的患者 analytic patient」という表現が伝統的に使用されてきた。ゆえに本講でも，「分析的」は略した「患者」という表現をもっぱら使用することをここにお断りしておく。

提示した表を一読されたときに読者は疑問や矛盾を感じられたかもしれない。それらの解消も目指して，これから解説を加えよう。

①精神分析的な面接に特異な外的設定と契約という固定された枠組みの上に成立している

一番目の特異な外的設定と契約という枠組みに依拠していることは，すでに触れた。あらゆる社会的な関係には，当事者が意識していない場合も含めて，外的な設定と契約（外的治療構造）が定められているが，精神分析的な治療ではそれ独自の外的設定が創られる。

治療者と患者という特定の二人が二人だけで週に何度か，決まった曜日の決まった時刻に決められた時間枠で同じ面接室での同じ配置で出会い続ける。この出会いはその期間を限定されないで継続される。料金や欠席に関する取り決めもあり，患者は基本規則とされる自由連想法の実施を促される。

②患者が治療目標となる主体であるという非対称の性質を持つ

この二者関係は，両者が対等で対称的な関係ではないことは銘記しておいてよい。それが二番目の特徴である。精神分析という方法を提供する側の治療者とそれを求めて援助される側の患者という非対称な関係である。つまり，この精神分析的な関係に求められているのは，患者が求める心的苦痛や苦悩の軽減

であり，その方法としての精神分析を介して，患者が自分自身を主体的に見つめる作業である。

関係性のこの性質について述べるのは，たとえば次のような事態が精神分析的治療を進めていくと発生することがあるからである。

ある日，あなたの患者は「これまで私は，それまで誰にも言わなかったことを含めて，私のことを先生に話しました。でも，私は先生のことは何も知りません。先生は自分のことを何も話してくれていません。これは不公平です。私たちは人として対等な関係のはずです。だから先生のことを教えてください」と主張するかもしれない。そして，あなたは彼／彼女のこの主張を至極もっともなことだと受け止めるかもしれない。

しかし，述べてきたようにその精神分析的な治療が何を目指しているのかに立ち戻るなら，患者のこの発言が何を意図しているのかに私たちの理解は向かうであろう。この事態は，精神分析では「抵抗」と呼ばれる現象である。

この患者は，さらに自分自身に目を向け続けることが現時点において耐え難くなっている。それゆえ回避を企てて，解明の鉾先を治療者に向け代えたのである。それを正当化するために，人としての「公平」や「対等」という概念を持ち出した。「合理化」と呼ばれる防衛の使用である。なぜなら，〈この患者の精神分析〉という視点からみるなら，治療者の属性を患者に教えることが患者のそもそもの苦痛な訴えの緩和に役立たないことは明らかであろう。ゆえにこの機会に求められる治療者の分析的介入は，患者自身がおそらく前意識的には気づいているであろう，彼／彼女に発生している自身を知ることへの苦痛や抵抗感に向けられることになる。

契約されたのは，精神分析を介して患者が自分自身を見つめる，まさにその作業なのである。そのために治療者は今もそこに存在している。

③**外的設定と契約という枠内での患者の自由が保障されている**

三番目の特徴に移ろう。それは，設定された精神分析の構造と契約内での患者の自由が保障されているとのことである。このことは，定められた時間枠内であれば，その面接室内部で患者はどんなことを話してもよいし，どんな振る舞いをしてもよいという保障である。

患者にとっては空想か現実か夢かにかかわらず，思い浮かんだことは何でも自由に話してよいのである。それがいかに，卑猥か暴力的か差別的か屈辱的か犯罪的か暴露的か，あるいは狂気に思えることであるかにかかわらず，である。また，室内器物の破損や治療者への身体接触をおこなわない範囲なら自由に振る舞ってよい。これは子どものプレイ・アナリシスを思い浮かべられるとわかりやすいのかもしれない。

　もちろん，面接室の外部に迷惑になる行為，たとえば極端な怒鳴り声や騒音は禁止される。生命に危険な行為としての自傷や他害についてはすでに契約の時点で禁止している。そうした分析治療や患者自身を破壊する極端な行動を除けば，自由が保障されているのである。面接室内で患者によって表わされるすべては，分析内での患者の心的事実の表現として治療者のこころに収められる。

④転移と逆転移が発生する

　四番目には，転移と逆転移が発生する関係であることを示した。実際のところ，この表現は不十分である。なぜなら，転移と逆転移はあらゆる人間関係に発生しているものだからである。しかし，それらは他のほとんどの人間関係では転移は意識されないままに置かれている。たとえば，学校での担任教師やスポーツや習い事での指導者，職場の上司を，自身の父親や母親のように，頼もしく感じたり，支配的や干渉的と不快に感じていることは，陽性や陰性の親転移の一例である。しかし，それが転移として意識されることはないだろう。

　精神分析の関係では，転移と逆転移がより純粋に発生し発展していくし，それを両者が観察できる関係なのである。転移と逆転移は本章の後半でより詳しく取り上げている。

⑤必ず終わる仮の真正な関係

　基本的特徴の五番目として最後に挙げたのは，必ず終わる仮の真正な関係であることである。

　ここでの「仮の真正な」という表現は矛盾しているように聴こえるかもしれない。「仮の」という表現は，その関係が自然発生のものではなく，患者からの要請に基づく職業的対応として面接室内に人工的に設定されたものであることを表わしている。その意味では「仮初め」である。しかしながら，精神分析関係では患者のこころに置かれている苦痛や苦悩が彼／彼女の主観的真実，心

的事実に基づくものとして治療者によってパーソナルに真摯に対応され，真の情緒的な接触が達成される。ゆえに「真正な」と表現することは許されるであろう。

2．治療者−患者関係の二重性

ここまで述べてきた性質を備えた精神分析での治療者−患者関係は，面接室で実感される経験の質から見るなら，二重の構造を持つととらえることができる。

それは，精神分析の治療構造と契約の保持にかかわる現実的な関係と，転移と逆転移の用語が指し示す空想的な関係である。

前者，現実的な関係は，フロイトが論文「心的機能の二原則に関する定式」（1911）で使用した概念を使用するなら，「現実原則」に沿う「二次過程思考」によって維持される関係である。つまり，治療者も患者も外的現実を認識し，その現実を視界と考慮に入れて考え振る舞う関係である。

それによって精神分析の枠組みや契約が認識され実行される。すなわち，患者は約束した時間に面接室に現れ，その分析の時間を過ごす。終了時間には料金の支払いなどを終えて帰り，もともとの社会生活に戻る。治療者もまた，患者のこの現実的な行動に備えた設定と態勢を用意して待つ。

もう一つの空想的な関係とは，神経症的な関係，場合によっては精神病的な関係と言い換えることもできる質の関係である。この関係は，自由連想法の実施や精神分析の構造がもたらす心的な退行によって優勢になっていく関係である。言い換えれば，転移関係の成立と発展によって浮上してくる関係である。それはここでも「心的機能の二原則」論文を引用するなら，「快−不快（苦痛）原則」に沿うこころの「一次過程」に支配される関係である。現実を見つめて考えるよりも，患者自身の感情の快・苦痛に反応して抱く空想を現実であるかのように体験する関係である。

それは，たとえば治療者を，子どもの頃に怒って睨みつけた母親その人であるかのように体験し，「今，先生は私を怒って睨んでいる。怖い，怖くてたまらない」と取り乱して泣き出す患者という姿に見て取ることができるだろう。

ここで思い浮かべられる精神分析的治療での理想的な患者像とは，精神分析セッションには時間通りに現れ，社会儀礼に則ってふるまう。続いて，その分析時間内では自由に連想し語りながら，退行的かつ空想的な姿を顕わに表出す

る。だが，治療者が時間の終了を伝えると，現実感覚と現実的ふるまいを取り戻して社会的な在り方に戻って面接室を去るという姿である。それが毎回繰り返されることになる。

そんな人がいるのかといぶかる思いも浮かぶかもしれないが，実際には程度の差こそあれ，人はそうふるまえるのである。

3．ビオンの抽出した治療者－患者関係の要素

英国の精神分析家ウィルフレッド・ビオン（Bion, 1962）は，四つの要素を精神分析での二人の関係を構成するものとして挙げている。初心者にはやや高度な知識と言えるかもしれないが，参考までに提示し解説する（表2参照）。

ビオンが精神分析の要素として挙げているのは，「①コンテイナー／コンテインド関係」，「②妄想－分裂心性と抑うつ心性の反復性の移行（PS⇔D)」，「③知ることでの結合（Kリンク)」，「④もちこたえること」の四要素である。

①コンテイナー／コンテインド関係

「コンテイナー／コンテインド関係」では，"包み込むもの"と"包み込まれるもの"という二者のダイナミックな相互作用による交流が，治療者と患者の関係に想定されている。

たとえば患者はみじめさや寂しさという自分の中の苦痛な考えや感情をこころに置いておけず，治療者に向けて吐き出すように叫ぶかもしれない。治療者はそれに耳を傾け，その叫びにあるみじめさや寂しさをこころの中で感じ取り，こころで味わうだろう。この時，治療者のこころは患者の苦痛な感情を受け容れる「コンテイナー」であり，患者が排出した寂しさやみじめさといった感情は「コンテインド」である。

「コンテイナー／コンテインド関係」は逆方向にも発生し得る。治療者が患者に治療者の発言を肯定することを強く期待し，患者が治療者の考えを肯定的に呑み込むなら，そこでは治療者の発言が「コンテインド」であり，患者のこころが「コンテイナー」である。ここには，後述する治療者の病理的な逆転移が作動していることはおわかりであろう。

②妄想－分裂心性と抑うつ心性の反復性の移行（PS⇔D）

「妄想－分裂心性と抑うつ心性の反復性の移行（PS⇔D)」について述べる。

表2 精神分析の4つの要素

①コンテイナー／コンテインド関係
②妄想－分裂心性と抑うつ心性の反復性の移行（PS⇔D）
③知ることでの結合（Kリンク）
④もちこたえること

妄想－分裂心性（PS）はメラニー・クラインが提示した用語である「妄想－分裂ポジション Paranoid-Schizoid position」からビオンが抽出した概念であり，被害的他罰的なこころの構えである。このこころは，断片化し拡散している状態にある。

抑うつ心性（D）は同様にクラインの「抑うつポジション Depressive position」から抽出した概念で，現実受容的で自責・他者肯定的なこころの構えを表わす。こころは連結して統合されている状態にある。精神分析的な関係において協働作業がなされるには両者が抑うつ的な構え（D）にあることが前提に置かれる。

しかしながら実際の分析過程や各々の分析セッションの中では，そこに発生する情緒的な攪乱のために，治療者，患者ともにこの二つのこころの構えを揺れる。

③知ることでの結合（Kリンク）

「知ることでの結合（K link）」の意味することは次のようである。ここまでに述べてきたように，精神分析の治療者－患者関係は患者が自身のこころを知ることをめざしている，つまり，そもそも二人はK（KはKnowing／知ること）に方向づけられ結び付いている。

ところが治療経過の中で，時として二人の結びつきが異なる性質の結びつきを呈してしまう。一つは，Lリンク（LはLoving）である。たとえば転移性恋愛に見られるように，二人が愛情で結び付いているかのように患者に（もしくは，時として治療者にも）体験されようとする。もう一つは，Hリンク（HはHate）である。それは憎しみが主感情となる結び付きである。理想化から突然に脱価値化に移行し治療者を非難し憎むようになったパーソナリティ障害との治療関係を思い浮かべられるかもしれない。そこでは治療者も患者に憎し

みを感じることもあるだろう。

マイナスK（−K）とは偽りの知識を使用して，真実を知ることを妨げる結び付きである。虚言や妄想が使われる場合もあれば，無意識的な二人の共謀によって，知ることを偽装し隠蔽する結び付きに治療者−患者関係は往々にして至りかねないのである。

④もちこたえること

最後が「もちこたえること tolerance」である。こころの現実を直視するときや見通しがつかない，わからないときには心的苦痛が発生する。しかし，精神分析的な関係の二人はそうした苦痛に両者ともが持ちこたえて，治療的な達成をなし遂げることができるのである。

ゆえにビオンは情緒的負荷に「もちこたえること」を一つの要素とみた。わからないことにもちこたえることができる資質をビオンは「負の能力」negative capability と呼んでいる（Bion, 1970）。

III　転移

1．フロイトによる転移の発見とその精神分析での意義

転移とはフロイトによって見出された，精神分析での治療者−患者関係において展開する現象であり，精神分析臨床での極めて重要な概念である。

フロイトは今日「ドラ・ケース」と呼ばれている18歳のヒステリー女性に精神分析を実践した。発作性の呼吸困難，頭痛，失声，咳嗽，不機嫌，意識消失や健忘といった諸症状は改善したにもかかわらず，ドラはフロイトとの分析を3ヵ月間で突然に中止した。その短い分析の経過をフロイトは約5年の歳月をかけて振り返り，ドラがフロイトとの間に生起させていた「転移」が治療中断の原因であったことを認めるに至った。

フロイトはその論文「あるヒステリー・ケースの分析の断片」（Freud, 1905）で転移を次のように定義した。

「それは，分析の進展の間に喚起され意識にもたらされる興奮や空想の新版と複写であって，医師という人物と過去に関係した人物とがその転移特有のやり方で置き換えられている。換言すれば，一連の心的経験全体が，過去に属したもの

としてではなく，今この瞬間の医師という人物にあてはめられて生き返るのである」

　患者の治療者との関係の質が，患者からの転移によって支配されることをフロイトは見出した。例を挙げよう。

　精神分析場面において男性Aは私を彼に暴力を振るって来るのではないかとひどく怖れていた。そうした時期に私は長く身に着けていたベストを新しいものに変えた。あるセッションで彼はそのことに言及し，「新しいベストの前はカーディガンを着ていましたよね」と語った。しかしその後彼は私が以前からベストを着ていたことに気づくとともに，カーディガンは子どもの頃に父親が着ていたものであることに気がついた。その気づきは彼自身にとって大きな衝撃だった。なぜなら，彼は私を父親その人と見続けていて，それゆえ私に殴り飛ばされる恐怖を抱いていたことをはっきりと意識したからだった。

　当初フロイトは転移を，精神分析では重要な治療機序である，抑圧されている心的葛藤の意識化を妨げる分析の妨害物と考えていた。
　加えて，精神分析の設定と技法の下で「患者は忘れられ抑圧されたことを想起せず，行動化する，といってよいであろう。彼は記憶としてではなく，行為としてそれを再生する。もちろん，反復していると知らずにそうするのである」（Freud, 1914）と，転移の本質は無意識の反復強迫性の行為であり，治療者に向けた振る舞いであることにも気がついていた。
　転移の知識を積み重ねたフロイトはやがて，転移の意識化こそが，患者が行為で表している無意識の葛藤や感情，思考を意識化するための貴重な治療作用であることを認識するに至った。この発想の転換によって，転移現象を精神分析での治療の好機ととらえる視点が確立された。

2．フロイト以降の分析家による転移の理解
　その後，フロイトの末娘アンナ・フロイト（Freud, 1936）は自我心理学の立場から，転移を「患者が分析家との関係において経験するあらゆる衝動」であり，その起源を「早期の――おそらく乳幼児期の――対象関係にある」と位置づけた。また，米国のグリーンソン（R. Greenson）は転移を，「目の前のあ

る人物に無意識に置き換えられた，早期小児期の重要人物にまつわって発生している反応の反復であり，それにはふさわしくないその人物への感情，欲動，態度，空想，防衛を体験していることである」(Greenson, 1967) と定義した。これらの転移理解に基づく分析技法では，患者が治療者に関する思いや空想に実際に言及したそのときに，治療者が発する転移解釈で取り上げられ，転移の意識化が試みられる。

　その後米国では，ギルが転移を過去と現在のアマルガムであり，分析の開始時から全体を通して転移は至るところに遍在していると述べ，現在の面接場面における，「今ここでの転移分析」が有用な技法であることを力説した (Gill, 1982)。

　英国でもクラインは論文「転移の起源」(Klein, 1952) で，転移とは，心的発達の「最早期段階において対象関係を決定づけていた過程と同じ過程の中で生まれる。過去から現在に転移されている全体状況について考察することは，情緒，防衛，対象関係について考察することと同様，重要である」と，患者が治療者に言及しなくても，患者のあらゆる語りや非言語的なコミュニケーションを含むあらゆる表出物が転移の質を含んでおり，対象と自己を含む内的世界の全体状況がその生成プロセスを含めて，治療関係の展開にそのまま再現されることを強調した。例を示そう。

　背景には，無能と軽蔑されている父親対象が治療者に転移されていた。男性Bはあるセッションで治療者に言及した後，次のような現実での経験を語った。

　「三日前でしたが，このところ肩の痛みが取れないので，いつもの整体に行きました。営業時間が6時までなので仕事場から急ぎ，終業時間の4分前に店に着いて間に合いました。営業主のもう年配の整体師は「今日は，もう終わった」と，僕を無視してさっさと店仕舞いをして帰ってしまったんです。しかたがないから帰ることにしたけど，帰り道で無視されたことにものすごく腹が立って。僕は20年以上も通っているのに……。あの整体師はもう年なので，別の整体師を見つけようと思けれど，次の整体師を見つけるまではここに通うしかない」。

　治療者は，この整骨院でのエピソードは患者が今ここでの治療者との関係に言及していることを理解し，今日の分析で治療者にないがしろにされていると彼が感じていること，この年老いた治療者に見切りをつけ，新たな治療者を得たい思いを彼が抱いていることを解釈した。彼はその解釈内容を肯定し，この日の分析

の始まりの治療者の様子がせわしなく，すでに気持ちを何処かに向け自分には関心を抱いていないように思ったことを連想した。

それは，より深いところでは，彼が母親との間で乳幼児期から感じ続けていたものだった。

3．転移の今日的理解と取り扱い

クラインの後継者の一人ジョセフは，クラインが示した転移の「全体状況」を推敲した（Joseph, 1985）。すなわち転移が，内なる世界をまるごとそのまま生き生きと，今ここでの治療者 – 患者関係に繰り広げている事態に着目した。それゆえ，患者の言語的コミュニケーションはその一部に過ぎず，患者の葛藤や不安，防衛という転移面と治療者と患者の間の情緒的雰囲気，それに加えて，治療者の非言語的なエナクトメントをも含む逆転移を面接室の今ここで起きている転移由来のものとして理解し，その相互作用をこまやかに観察し取り扱う技法を推敲した。それが今日のクライン派精神分析では，転移の理解と取り扱いの主流となっている（Hargreaves & Varchevker, 2004）。例を示そう。

背景には侵入的な母親対象が転移されていた。分析セッションが始まると女性Cは，ようやく表立って活動するようになったサークルの交流の場から面接室に直接やってきたことを語り始めた。その話からは，彼女はその交流の場で，いわば，主役だった。彼女自身は普段着とスニーカーで今日来たことに触れた後，先ほどまで居た場所はタバコの煙がもくもくとたち込めたところで空気がすごく悪かったにもかかわらず，喉の弱い彼女が喉の痛みを感じることもなく，とても気持ちよく過ごせたことを語った。またCは，面接室にタバコの臭いを持ち込むと私だけでなく，彼女の次にくる人も嫌だろうから，面接前に消臭剤を買い求めてふりかけ，臭いを消したことを語った。

これらの発言には，彼女がそのくらい細かい配慮をこころがけている人であることを示すという彼女の意図が含意されているという雰囲気がないでもなかった。確かに，タバコ臭に私は気づかなかった。先ほどまで過ごしたそうした場所にも少し慣れてきたと彼女は報告した。そこで私は彼女が馴染んできた理由を一つコメントしたが，それはあまり意味がないものと伝えている私自身がそのコメントの最中に感じるものだった。何かを言うように私は微妙に引き込まれていたようだった。このことは，彼女の表わしているものを私がまだ考えられていな

いことが浮上してきたことでもあった。確かに私はＣのここまでの話が何を述べているのか，頭の中をまとめることができなかった。

　それから彼女は仕事の話を始めた。それは彼女の顧客である，ある女性とのやりとりに関するものだった。彼女がその女性に何か不穏なものを感じ，その不穏さが彼女自身にも影響したという話だった。この話がなぜここに出てきているのか，私にはわからなかったし，先ほどまでの交流の場の話とのつながりもわからなかった。つまり，考えられなかった。それらを私の内側にそのまま置いておくことが，私にできることだった。ただ語っている彼女が，私から少し遠くに離れてきているとの感覚を私は感知した。Ｃの話し振りには，'これは自分だけの体験であって！'，という人を遮る調子が感じられるものだった。私は〈あなたが，その女性の不穏さを自分の中に入れたようですね〉とコメントした。私は彼女の能動性を指摘したかったのだった。

　私のこの介入に彼女は頓着しなかった。私もまた，私が考えられていないことを知っていた。それなのに解釈したこと自体が，私の逆転移的エナクトメントだった。彼女は話を続け，幽霊やお経といったことに進んだ。そこまでもの想いを保っていた私に，それらは死や悪霊の迫害を連想させた。

　ここで私の中に一気に浮かび上がってきたものがあった。つまり，突然私は考えを考え始めたのである。そこで私は彼女に尋ねた：〈あなたのお父さんはタバコを吸っていました？〉──父親は彼女の小児期に亡くなっていた──。彼女はすぐに応じた：「ええ，ヘビースモーカーでした」。

　考え（スニーカー，タバコの煙る場所の楽しさ，面接の前にタバコの臭いを消したこと，不穏な感じの女性，私から遠のく彼女，幽霊，悪霊の迫害）を私は考えられるようになった。それから私は次の解釈をした。〈あなたは，先ほどまでお父さんの世界を子どもとして楽しんでいたのですね。でもそれは，ここでの私には隠していないといけないのでしょう。そうしないと，脅かす悪霊が，私からあなたの中に入り込んであなたを不穏にするのは避けられなくなってしまうのでしょう〉。

　彼女がよい父親と親密に交流することを嫌い，強く脅かす母親／私がいた。

　彼女は私の解釈を肯定したが，それから少しして黙り込んでしまった。そして気分が悪くなったことを伝えてきた。冷や汗が出ている，このままでは吐き気が出そうだ，と。確かに，彼女の顔も身体もこわばりが出ていた。

精神分析の歴史の中で米，英どちらにおいても，転移現象を今ここでの治療者−患者関係の文脈で読み取り，転移解釈によって患者が意識化することを援助する技法が発展してきた。そして，今ここでの関係を俯瞰する視座を持つゆえに，その技法的推敲は必然的にそこでの治療者に意識的無意識的に活動している逆転移をも視野に収めることになった。つまり，治療者−患者関係に発生している転移と逆転移を一つのユニット，あるいは基盤（マトリクス）ととらえる今日的な視点である。
　その解説の前に逆転移を知る必要があるだろう。それをこれから述べる。

IV　逆転移

1．逆転移の発見

　逆転移についても，やはりフロイトの言及から始めることになる。転移の発見に遅れること，5年後にフロイトは逆転移について，次のように述べた。

　「私たちは「逆転移」に気づいてきている。それは，分析家の無意識の感情への患者の影響の結果として，分析家のなかに生じる。そこで私たちは，分析家は自分の中のこの逆転移を認識し，それに打ち克つべきであると主張したい。──いかなる分析家も，自分自身のコンプレックスや内的抵抗の許すところを越えて先には行けない」　　　　　　「精神分析療法の今後の可能性」（1910）

　このようにフロイトは，逆転移を分析家の理解を妨害するものと見ていた。そして，転移の時のようには，分析作業での有用な現象とみなす方へは容易には進まなかった。分析家の葛藤そのものが逆転移なのではないが，それは逆転移を引き起こし得るものであった。それゆえ1937年には，分析家はおおよそ5年ごとに再分析されるべきと示唆した。
　しかしながら，その一方でフロイトは治療者の無意識のこころには精神分析に重要な働きを見取っていた。
　1912年の論文「精神分析を実践する医師への勧め」では，分析家は「電話のレシーバーが伝導マイクにあわせるように，患者に自分をあわせねばならない。レシーバーが音波をもとの声に変換するように，医師に伝えられている無意識の派生物から，医師の無意識はその無意識を再構築できる」と治療者の無

意識こそが患者の無意識を感知することを述べた。この見解が，後に現れてくる逆転移についての新しい理解の重要なキーとなる。

　その一方で，フロイトに直接の薫陶を受けた分析家たちによる逆転移についての見解は，患者との作業の結果として分析家のうちに喚起させられてくる未解決の葛藤や問題としてとらえるという，逆転移の用語は厳密に使用されるべきとするものが主流をなしていた。例を挙げてみる。

　中年の男性治療者が慢性的な抑うつに苦しむ中年女性との週に一回の精神分析的心理療法を精神科病院で行っていた。その病院には面接室がないため，治療者は応接室を使って面接を行っていた。それに際して九十度面接を設定するため，彼は事前に椅子を動かして適切な配置を作っていた。しかしその面接では治療者は事前の会議に時間を取られ，椅子の配置を設定し直せないままに面接に臨むことになった。

　その女性は椅子の配置がいつもと違うことにすぐに気がついて，今日はいつもと配置が違うのはどうしてなのかを治療者に尋ねた。治療者は，ここは応接室であるため，この女性との面接の前に彼自身が椅子を並べ替えていることを話した。それを聞いて，その女性は自分のことを特別に大切にしてくれているとかなり感激した様子を示した。それから彼女は家庭での夫の彼女への無神経さへの激しい怒りを，具体例を次々に挙げて饒舌に語り続けた。

　それを黙って聞いていた治療者はうんざりするだけではなく，彼女の尊大さに腹立ちを覚えた。そして言った：〈家庭での男性はそんなものですよ。それに，ご主人にもよいところがあるでしょう〉。聴いていた彼女は直ちに，「よいところはありません」と言い放った。

　その面接セッションは気まずい雰囲気のままに終わり，次の面接を彼女はキャンセルした。その後にやってきた彼女はひどく抑うつ的であった。彼女は，自分はひどくつらいのに，まわりには誰も自分を思ってくれる人がいないと嘆いた。

　解説を加えてみよう。

　この面接セッションで男性治療者はなにげなく自己開示して，彼自身による椅子の準備という行動を伝えた。それは，彼女が求めていた自分を思いやってくれる理想的な空想対象を治療者に見出すのに充分な刺激だった。その愛情の

充足感は，その男性治療者とは対照的な夫を語ることで伝えられた。しかし，彼女の発言を聴いていた治療者は彼女の夫の立場に自分を置いたため自分を非難されているかのように不快を感じ，治療者の持つ家庭での夫観という彼自身の見解にこだわってそれを見せてしまい，結果として彼女を否定する発言をしてしまった。すなわち「分析家のうちに喚起させられてくる未解決の葛藤や問題」をそのまま露呈したのである。その結果，一変して治療者は，ひどくつらい彼女を無視する対象となってしまった。

実際彼女は，彼女を思ってくれていた男性が急に変わってしまい，彼女を無視するという主観的体験を生活史で繰り返していた。面接はこの苦痛な体験の反復となった。

2．逆転移の活用

一方，フロイト以降の世代であるウィニコットらは，逆転移を患者への分析家の態度や振る舞い全体に広げるという，広義に定義することを主張し始めた（例えば Winnicott, 1947）。その見解はハイマン（P. Heimann）が 1950 年に発表した論文「逆転移について」（Heimann, 1950）で明確に打ち出された。ここに逆転移は，治療を妨げるものから転じて，治療の有用な現象として位置づけられるという大転換を遂げた。

まず第一にハイマンは逆転移を広義に定義し，患者に向けて分析家が体験するあらゆる感情を逆転移と定義した。加えて,逆転移に陽性の評価を提示した。それはかつてフロイトが述べたように，患者の無意識を治療者の無意識から感知する交流であり，逆転移こそが患者を理解するのに役に立つ道具であると主張した。すなわち逆転移は,治療者のこころに投影された患者のパーソナリティの一部なのである。ゆえに分析家は自分の逆転移を患者理解のキーとして使わねばならない。

ハイマンのこの逆転移についての見解には，彼女の盟友クラインの「投影同一化」概念による裏打ちがあった（Klein, 1946）。投影同一化とはその人物が自分の中に置いておけないと感じる考えや感情を他者の中に投影し，その人がそれらの感情や考えを抱いている人とされる万能空想である。またビオン（1959）は，患者によるそうした万能空想としての投影同一化によって治療者の現実的な振る舞いが支配されることを明らかにした。

それらの支援もあり，この逆転移についてのハイマンの新しい理解は幅広

い支持を得た。例えば、マネー－カイル（R. Money-Kyrle）は「正常な逆転移」を述べ、治療者の親としての思いや償いたい思いをそれらとして示した（Money-Kyrle, 1956）。また、アルゼンチンの分析家ラッカー（H. Racker）は「補足的逆転移」と「融和的逆転移」という二種の逆転移を提示した（Racker, 1953）。「補足的逆転移」では患者自身の自己表象に治療者が同一化するので、治療者は患者に共感的な逆転移を抱く。一方「融和的逆転移」では患者の転移対象表象に治療者が同一化するので、治療者はその対象に共感するため、患者に批判的になる。先ほど提示した男性治療者例がそれにあたる。

サンドラー（Sandler, 1976）は「役割対応」という概念を逆転移に関連して提示した。患者は無意識的願望空想に表わされる自己と対象の相互交流を実在化しようとして、治療者にその役割を担わせようと重圧をかけ、逆転移エナクトメントを強いる。先ほどの私の「タバコの煙る部屋から来た女性例」での私の対応である

3．逆転移の性質

ここで今日的な視点から、逆転移の性質を箇条書きにまとめて示す（表3参照）。

若干の解説を加える。

①治療者の病理性の転移は、フロイトに始まる狭義の逆転移である。逆転移の古典的な定義と言えるが、逆転移についてのこの定義がクラインやビオンに最後まで支持されていたのは興味深い。

②正常な逆転移は、いわば、治療者の健康な転移である。「共感」と呼ばれる感情はここに入る。

③投影物による逆転移には二種がある。一つは、患者からの投影物にすっかりなりきる、つまり同一化してしまった事態である。例えば、患者が怒りつける怖い母親を治療者に投影したとき、治療者も患者を怒ることをエナクトするときに当てはまるだろう。グリンバーグはこの事態を「投影－逆－同一化」（Grinberg, 1962）と命名した。二つ目は、患者からの投影物への反応としての逆転移感情である。その場にそぐわない何か不安な感情や心地よさの感覚といったものはその例であろう。

④間接的な逆転移とは、その当該患者との間ではなく、患者の家族の特定の誰かとか、治療者自身の働く施設の誰かに向けた感情や考えである。例えば、

表3 逆転移の性質

①治療者の病理性の転移
②正常な逆転移
③投影物による逆転移⇒投影物そのもの，投影物への反応
④間接的な逆転移

精神分析を好まない所属長の下で働く治療者が治療している分析患者がその施設に迷惑をかける行動化をしたときに治療者の中に湧く怖れが，それに当てはまり得るだろう。

逆転移については，次のようにまとめられるかもしれない。
逆転移とは，患者の特性によって治療者の中に引き起こされる特異な感情に基づいた反応である。分析を通して存在している治療者の中の逆転移反応がある。その逆転移は，分析に困難や不適切な取り扱いをもたらし得るものである。これは治療者が逆転移のその側面に気がつけなかったり，気づいても折り合えない時に起こる。治療者自身によって患者との間に生じている自らのフィーリングや態度の変化が不断にモニタリングされていることで，患者のパーソナリティや患者の中に起こっている過程を理解する機会が増してくる。

Ⅳ 相互作用，連動する関係性としての転移と逆転移

今日，精神分析における大きな潮流の一つは，転移と逆転移を一つのユニット，あるいは母体（マトリクス）／基盤としてとらえる視点である。この考え方は，現代のいろいろな精神分析学派において共通に主張されている。
たとえば，ビオン（Bion, 1962）は，コンテイナー／コンテインド概念を提示したが，転移と逆転移の相互作用という視点から見るなら，転移関係において，患者の中のコンテインドとしての扱えない感情や思考が投影同一化されるのを，コンテイナーとしての治療者の逆転移がコンテインする。そして，治療者は逆転移の中の感情や思考を扱える，考えられるものに変えて，解釈として患者に伝え，患者はそれを受け取り認識する。ここには転移と逆転移の連動があり，自己と内的対象というカップルの現実化としての転移－逆転移反応が見

られる。

　また，すでに述べたようにジョセフは，治療者は全体転移状況を観察しているのだが，患者からの転移的な圧力の下に治療者が非言語的なエナクトメントを行うことで患者の葛藤や不安の回避に共謀する様を描き，逆転移を細やかに吟味し，全体状況としての転移と逆転移の相互作用を詳細に観察することの必要性を述べた（Joseph, 1989；Hargreaves & Varchevker, 2004）。

　1980年代からその勢力を確立した米国自己心理学派は，自己対象転移という母親の共感を基盤とする転移関係においては内省と共感という逆転移が治療的に機能するものであり，転移と逆転移を理想化された自己対象の内在化につながるユニットとする見解を示した（Kohut, 1984）。その後，自己心理学からの潮流である，ストロロウらによる間主観学派においても，転移という患者の主観的な組織化と逆転移という治療者の主観的な組織化の相互交流により間主観的な場が生成され，治療者の内省による脱中心化によって治療的な理解がなされることが主張された（Stolorow, Brandchaft & Atwood, 1987）。

　同じ米国の関係学派のミッチェル（S.A. Michell）は「関係基盤（マトリクス）」という概念を用いて，彼らの基底を置く対人関係論，英国対象関係論，自己心理学がそれぞれに異なる局面に焦点を当てていることを指摘している。そして，転移と逆転移は関係基盤における相互作用としてとらえる視点が有用であることを述べた（Michell, 1993）。同様にオグデン（T. Ogden）も間主体的基盤としての転移と逆転移の相互作用に言及している（Ogden, 1994）。

　これらに見るように，転移と逆転移を別個のものと認識し対処するのではなく，精神分析場面での治療者と患者の交流を，ユニットとしての転移と逆転移の相互作用という視点から連続的にとらえる立場が今日的なのである。

V　おわりに

　改めて述べるまでもないが，精神分析的治療の基盤には治療者－患者関係がある。この関係は治療構造と契約に下支えを得ている。そしてその治療的展開は，今日的にとくに強調されるところであるが，転移と逆転移が鍵を握っている。

　そこで本講では，精神分析での治療者－患者関係の特異性をまず解説した。続いて，いささか教科書的な視座からの転移と逆転移を述べてみた。転移と逆

転移は今日も深化し続けている臨床概念である。より詳しく知りたい方は文献として挙げている著作等を参照にされるとよいであろう。また，治療者－患者関係についてさらに学びたい方には，参考文献をお勧めする。

参考文献

Sandler, J. et al.（1973）The Patient and the Analyst；The basis of the psychoanalytic process.（藤山直樹・北山修監訳（2008）患者と分析者　第2版．誠信書房）

北山修（2001）精神分析理論と臨床．誠信書房．

松木邦裕（2010）精神分析臨床家の流儀．金剛出版．

松木邦裕（2016）改訂増補版　私説　対象関係論的心理療法入門．金剛出版．

文　　献

Bion, W.（1959/1967）Attacks on linking. In Second Thoughts. Heinemann Medical Book.（中川慎一郎訳（2013）連結することへの攻撃．新装版 再考：精神病の精神分析理論．金剛出版）

Bion, W.（1962/1967）A theory of thinking. International Journal of Psychoanalysis. 43；306-310. In Second Thoughts. Heinemann Medical Book.（中川慎一郎訳（2013）考えることに関する理論．新装版 再考：精神病の精神分析理論．金剛出版）

Bion, W.（1962）Learning from Experience. Heinemann Medical Books.（福本修訳（1999）精神分析の方法Ⅰ．法政大学出版局）

Bion, W.（1970）Attention and Interpretation.（福本修訳（2002）精神分析の方法Ⅱ．法政大学出版局）

Freud, A.（1936/1937）The Ego and the Mechanisms of Defense. Hogarth Press.（黒丸正四郎・中野良平訳（1982）自我と防衛機制．アンナ・フロイト著作集2．岩崎学術出版社）

Freud, S.（1905）Fragment of an analysis of a case of hysteria. SE7.（細木照敏・飯田眞訳（1969）あるヒステリー患者の分析の断片．フロイト著作集5．人文書院）

Freud, S.（1910）The future prospects of psychoanalytic therapy. SE11.（小此木啓吾訳（1983）精神分析療法の今後の可能性．フロイト著作集9．人文書院）

Freud, S.（1911）Formulations on the two principles of mental functioning. SE12.（井村恒郎訳（1970）精神現象の二原則に関する定式．フロイト著作集6．人文書院）

Freud, S.（1912）Recommendations to physicians practising psycho-analysis. SE12.

（藤山直樹編・監訳（2014）精神分析を実践する医師への勧め．フロイト技法論集．岩崎学術出版社）

Freud, S.（1914）Remembering, repeating and working-through. SE12.（藤山直樹編・監訳（2014）想起すること，反復すること，ワークスルーすること．フロイト技法論集．岩崎学術出版社）

Freud, S.（1937）Analysis terminable and interminable. SE23.（馬場謙一訳（1970）終わりある分析と終わりなき分析．フロイト著作集6．人文書院）

Gill, M.（1982）The Analysis of the transference. Vol.1. International Universities Press.（神田橋條治・溝口純二訳（2006）転移分析—理論と技法．金剛出版）

Greenson, R.R.（1967）The Technique and Practice of Psychoanalysis ①．International University Press.

Grinberg, L.（1962）On a specific aspect of countertransference due to the patient's projective identification. International Journal of Psycho-Analysis 43；436-440.（下河重雄訳（2003）患者の投影同一化による逆転移のある特異面．対象関係論の基礎．新曜社）

Hargreaves, E. & Varchevker, A.（Ed.）（2004）In Pursuit of Psychic Change. Routledge.（松木邦裕監訳（2017）心的変化を求めて—ベティ・ジョセフ精神分析ワークショップの軌跡．創元社）

Heimann, P.（1950）On counter-transference. International Journal of Psycho-Analysis. 31；81-84.（原田剛志訳（2003）逆転移について．（松木邦裕編）対象関係論の基礎．新曜社）

Joseph, B.（1985/1988）Transference：The Total Situation. Routledge. In（Ed. Spillius E.B.）Melanie Klein Today, Vol.3.（古賀靖彦訳（2000）転移：全体状況．（松木邦裕監訳）メラニー・クライン　トゥデイ③．岩崎学術出版社）

Joseph, B.（1989）Psychic Equilibrium and Psychic Change. Tavistock/Routledge.（小川豊昭訳（2005）心的平衡と心的変化．岩崎学術出版社）

Klein, M.（1946）Notes on some schizoid mechanisms. International Journal of Psycho-Analysis. 27；99-110.（狩野力八郎，渡辺明子，相田信男訳（1985）分裂的機制についての覚書．メラニー・クライン著作集4．誠信書房）

Klein, M.（1952）The Origin of Transference. The Writings of Melanie Klein. Vol.3. Hogarth Press.（舘哲朗訳（1985）転移の起源．メラニー・クライン著作集4．誠信書房）

Kohut, H.（1984）How does the Analysis cure? University of Chicago Press.（本城秀次・笠原嘉監訳（1995）自己の治癒．みすず書房）

Michell, S.A.（1993）Hope and Dread in Psychoanalysis. Basic Books.（横井公一・

辻河昌登監訳（2008）関係精神分析の視座．ミネルヴァ書房）

Money-Kyrle, R.（1956）Normal counter-transference and some of its deviations. In (Ed. Meltzer, D.) Collected Papers of Roger Money-Kyrle. Clunie Press.（永松優一訳（2000）正常な逆転移とその逸脱．（松木邦裕監訳）メラニー・クライン　トゥデイ③．岩崎学術出版社）

Ogden, T.（1994）Subjects of Analysis. Aronson.（和田秀樹訳（1996）「あいだ」の空間．新評論）

Racker, H.（1968）Transference and Countertransference. Hogarth Press.（坂口信貴訳（1982）転移と逆転移．岩崎学術出版社）

Sandler, J.（1976）Countertransference and role-responsiveness. International Review of Psycho-Analysis 3；43-47.

Stolorow, R.D., Brandchaft, B. & Atwood, G.E.（1987）Psychoanalytic Treatment：An Intersubjective Approach. Analytic Press.（丸田俊彦訳（1995）間主観的アプローチ．岩崎学術出版社）

Winnicott, D.W.（1947/1958）Hate in Countertransference. Collected papers：Through Paediatrics to Psych-Analysis. Hogarth Press.（中村留貴子訳（1990）逆転移の中の憎しみ―児童分析から精神分析へ．岩崎学術出版社）

第1巻のおわりに

鈴木智美

　精神分析の基礎は，テキストを読んだだけではわかりづらく"まねぶ"ところも大きい。精神分析臨床は，理論ではなく患者／クライエントとの交流という実践ゆえに，文字では伝わらない何かがある。私たちは先達の姿を見て育てられてきたように思う。さりとて，テキストなしには何を道しるべにしてよいか迷路に入ってしまう。独善的な"精神分析"に陥り，精神分析とは程遠い"精神分析もどき"を行う結果となる。この巻は，道しるべとなるような精神分析の基礎のなかでも基礎となる事項を収めた。

　セミナーでの講義を文語体で書き直す中で，生の声がそぎ落とされてしまうのではないかと危惧したが，こうして収めてみると豈図らんや，各々の講師の声が聞こえてくる語り口となっており，生の声のテキストがここに完成したと思う。個性的なセミナーでの語りさながらに，文章においても各々の講師の色がにじみ出ていると思う。講師の姿を思い浮かべながら読んでもらえると愉しいだろうし，講師の精神分析に対する姿勢，患者／クライエントに向かう姿勢も読み取ることができるだろう。治療者の人となりが，治療の進展に図らずも影響するものである。事例のビネットや症例経過には，その様相が描き出されていると思う。

　自身の興味のある講義から読んでもらってもよいが，全体を通して読んでもらうことで，精神分析的な態度や見方が身につくのではないかと思う。構成は，そうした基本を理解しやすいように目論んでいる。人のこころの深淵に触れることの難しさ，大切さをここから知ってもらえれば嬉しい。

　質疑応答のコラムは，セミナー参加者との実際のやりとりだが，この巻では北山修会員の講義時のものを掲載した。プレイフルだが，大事なことをしっかり伝えている北山ならのものだと思う。講義に参加していなかった読者の皆さんも，その場にいた気になることだろう。

　現代精神分析基礎講座の一端を担えることを幸運に思う。愉しくまじめに本書とつきあっていただけることを願う。

■編者代表略歴

古賀靖彦（こが　やすひろ）

　1984年九州大学医学部卒業後，福岡大学医学部精神医学教室勤務，英国タヴィストック・センター成人部門留学を経て，2000年より油山病院に勤務．
　現在，油山病院副院長，国際精神分析学会会員，日本精神分析協会訓練分析家．
　著訳書に『現代フロイト読本2』（分担執筆，みすず書房），『こころの性愛状態』（共監訳，金剛出版），『（新装版）信念と想像』（訳，金剛出版）などがある．

■編者略歴

日本精神分析協会　精神分析インスティテュート福岡支部

　1910年フロイトS. Freudによって創設された国際精神分析学会International Psychoanalytical Association（IPA）に所属する日本精神分析協会は，IPAの基準に沿った精神分析家と，精神分析的精神療法家の資格取得のための訓練を実践している．これらの訓練を遂行する機関として精神分析インスティテュートを設立しているが，東京と福岡に支部を持つ．
　福岡支部は現在，古賀靖彦を支部長とし，西園昌久，前田重治，衣笠隆幸，松木邦裕，鈴木智美の委員によって運営されている．

現代精神分析基礎講座
第1巻　精神分析の基礎

2018年12月 5日　印刷
2018年12月15日　発行

編者代表　古賀靖彦
編　　者　日本精神分析協会　精神分析インスティテュート福岡支部
発 行 者　立石　正信
印刷・製本　太平印刷社
装丁　臼井新太郎

株式会社　金剛出版
〒112-0005　東京都文京区水道 1-5-16
　　　　　　電話 03（3815）6661（代）
　　　　　　FAX03（3818）6848

ISBN978-4-7724-1663-4　C3011　　　　　　　　　　　Printed in Japan ©2018

[改訂増補] 私説 対象関係論的心理療法入門
精神分析的アプローチのすすめ

［著］＝松木邦裕

● A5判 ●並製 ●256頁 ●定価 **3,000**円＋税
● ISBN978-4-7724-1524-8 C3011

2005年に刊行した「私説 対象関係論的心理療法入門」に京都大学での最終講義を追加し改訂版とした。

こころの性愛状態

［著］＝ドナルド・メルツァー
［監訳］＝古賀靖彦　松木邦裕

● 四六判 ●上製 ●372頁 ●定価 **4,800**円＋税
● ISBN978-4-7724--1278-0 C3011

クラインとビオンを中継しながら
フロイトの「性欲論三篇」を深化させ
人間の本質としての「性愛」に迫った
ドナルド・メルツァー第二主著。

精神分析臨床シリーズ
摂食障害の精神分析的アプローチ
病理の理解と心理療法の実際

［編］＝松木邦裕　鈴木智美

● A5判 ●上製 ●196頁 ●定価 **2,800**円＋税
● ISBN978-4-7724-0924-7 C3011

患者一人ひとりの実態を治療的に分析し、見立て、
それに即した治療を進めてゆく。